HÄDECKE

KOREANISCH VEGETARISCH

Koreanisch Vegetarisch

Yi Yang Cha • Armin E. Möller

Die kaum bekannte, fettarme, phantasievolle und küchenfreundliche Art asiatisch zu kochen

Für Günter Burike, der seine koreanische Frau Yi Yang-Cha Burike ermutigte, ihre koreanische Kochkultur auch in Deutschland weiter zu pflegen und uns bei diesem Buch mit Rat und Tat geholfen hat, sowie Sohn Patrick, der mit viel Geduld am Computer bei der Feinarbeit half, sowie für Jennifer und Ursula Möller, die Vater und Ehemann Armin E. Möller mit sanftem aber beharrlichem Druck und gutem Essen davon überzeugten, dass vegetarisches Essen nicht langweilig sein muss, und vor allem Yun-Tea Hi, der in der südkoreanischen Provinz Kyong-sang-do lebenden Mutter Yun Tea Hi von Yi Yang-Cha Burike und deren Schwester Young Ja, die sie lehrten, dass zum guten Kochen gehört, einen besonders feinen Geschmack zu entwickeln, damit es später allen schmeckt. Mutter und Schwester haben recht!

Die Autoren

Bildnachweis: alle Fotos © Heimo Aga außer: Seite 39, 53, 57, 66, 71, 81, 85, 91, 99, 107, 111 & 117 © Fotodesign Klaus Arras, Köln, Beratung Yi Yang-Cha Burike, Bergisch Gladbach (die Aufnahmen wurden mit Agfachrome RSX 100 gemacht); Seite 24, 90 © Edith Gerlach, Frankfurt; Seite 4, 6, 83 (links) Armin E. Möller, Köln; Seite 7, 13 (links & Mitte), 16 (Mitte) & 70 Kim Beller Ki J. und Hans Beller, Weil der Stadt; Seite 25–29 Michael Brem/Hädecke Verlag

Gestaltung & Satz: Julia Graff, Design & Produktion, Stuttgart
nach einer Vorlage von Juscha Deumling, JAM Büro für Art & Design, München
Lektorat: Monika Graff

Printed in EU 2012
ISBN 978-3-7750-0457-2
3 4 | 2014 2013 2012

INHALT

Vorwort
Jedes Essen ist ein Fest!
Oder: »mashinnen ùmsik«

»Jedes Essen ist ein Fest!« – davon ist jeder Koreaner überzeugt. Erst gutes Essen und Trinken machen das Leben lebenswert und statt mit »Wie geht's« oder »Guten Tag« begrüßt man sich in Korea mit einem fröhlichen »sigh sha hasúgsumnikka«, der Frage also »Haben Sie heute schon gegessen?«. Schon allein das deutet darauf hin, welche grundsätzliche Bedeutung hier das Essen für das Lebensgefühl hat. Deshalb fängt auch der Tag in Korea mit einem umfangreichen Frühstück an, für viele Menschen in Korea die wichtigste Tagesmahlzeit. Reis, Gemüse und Suppe – und für Nichtvegetarier auch Geflügel, Fleisch und Fisch werden einfach gebraucht, damit aus dem jungen Tag ein guter Tag werden kann. Das Mittagessen fällt dagegen eher bescheiden aus, die koreanische Bezeichnung deutet darauf hin: Wörtlich übersetzt steht »Chomshim« für »erfreue das Herz« und nicht für »fülle den Magen«.

Wann immer es möglich ist, treffen sich Familienangehörige und Freunde zum Abendessen. Angesichts vieler verlockend gefüllter Schüsseln wird gescherzt, werden Geschichten erzählt oder Probleme erörtert und gelöst. Und wo anders als bei einem schmackhaften Essen kann man Geschäfte machen? Der Bul Go Gi, der koreanische Holzkohlengrill oder Feuertopf, je nachdem, wie diese Tischfeuerstelle verwendet wird, steht dabei hin und wieder mitten auf dem Tisch, etwa um Auberginenscheiben oder anderes zu grillen oder zu garen.

Dieses Kochbuch will eine Einladung sein: Entdecken Sie die ganz andere asiatische Küche. Erleben sie, wie viel Spaß es machen kann, einmal koreanisch zu kochen. Überraschen Sie Ihre Gäste mit einer Küche, die in Europa kaum bekannt ist. Je mehr Freude Ihnen selbst diese Art zu kochen macht, umso koreanischer dürfen Sie sich dabei fühlen! Dabei fällt das koreanische Kochen leicht. Es müssen keine neuen Kochgeräte angeschafft werden. In einem koreanischen Geschirrschrank sieht es ähnlich aus wie in einem europäischen: Töpfe und Pfannen, wie sie auch in Stuttgart, Zürich, Graz oder Flensburg tagtäglich benutzt werden, sind wie geschaffen für koreanisches Kochen. Doch was darin gekocht wird, unterscheidet sich erheblich vom üblichen deutschen Kochstil. Allein das Essbesteck erfordert eine andere Küchenpraxis als in Mitteleuropa üblich. Die Speisen müssen allesamt in mundgerechten Stücken aufgetragen werden, sonst könnte niemand sie mit Stäbchen essen. Zu den Stäbchen wird in Korea auch immer ein Löffel gelegt. Das aber ist keines jener Porzellanschiffchen, mit denen Japaner wie Chinesen ihre Suppe löffeln, sondern ein Metall-Löffel, wie er in Deutschland in den Besteckschubladen liegt.

In Korea waren Fisch und Fleisch immer knapp und entsprechend teuer. Grund genug für die essbegeisterten Menschen Koreas, viele und einfallsreiche Gemüserezepte zu entwickeln. Die wichtigsten sind in diesem Kochbuch zusammengefasst worden.
Yo-Ri beschreibt im Koreanischen die überraschend abwechslungsreiche landestypische Gemüseküche und das Konzept, dem wir bei den Rezepten folgten.
Yo-Ri sorgt darüber hinaus auch für spezielle Schwierigkeiten für Kochbuchautoren. Viele Begriffe der koreanischen Küche – und das gilt besonders für Gemüsespezialitäten – lassen sich nur schwer ins Deutsche übertragen. Das koreanische Alphabet (Hangul) lässt meist mehrere Schreibweisen zu, wenn koreanische Worte in europäischer Schrift wiedergegeben werden sollen. Nachschlagewerke helfen da wenig, denn Autoren der wenigen Wörterbücher beschäftigen sich mehr mit Krieg und Frieden, Politik und Wirtschaft als mit Essen und Trinken. Wir konnten viele koreanische Begriffe, mit denen Rezepte beschrieben werden, nirgendwo endgültig absichern. Daher haben wir unsere eigene Schreibweise entsprechend der Aussprache der Worte zusammengerührt. Sprachpuristen und Koreaner mögen uns das Küchenkoreanisch verzeihen, kam es uns doch vor allem auf das Kochen an. Dankend seien hier Hilfestellungen der Kulturabteilung der Botschaft Koreas und koreanischer Freunde angemerkt.

Wir wünschen viel Spaß beim Kochen und vor allem »Guten Appetit« beim Yo-Ri, dem vegetarischen Genießen nach Korea-Art. Möge dabei jeweils ein Gefühl für mashinnen ùmsik entstehen. Dann versteht man, warum für Koreaner jedes Essen zu einem Fest wird.

Yi Yang-Cha Burike und Armin E. Möller,
Bergisch Gladbach und Köln

Koreanisch vegetarisch: gesund & exotisch

Essen nach Art der Mönche

Von Fleisch allein kann sich kein Mensch auf Dauer gesund ernähren. Vegetarier sind da besser dran. Die Nahrungsbausteine, die der menschliche Organismus braucht, kommen in den Pflanzen allesamt vor. Eiweiß, Kohlenhydrate, Fette, Mineralstoffe gehören dazu – aber auch das Chlorophyll und die Vitamine. Obst, Gemüse, Säfte und Kräuter liefern, was der Körper braucht.

Pflanzliche Kost kommt dem menschlichen Organismus entgegen, sie ist gut verdaulich.

In Korea sorgen die vielen Kombinationen von Gemüsen und deren, im Vergleich zur mitteleuropäischen Küche, schonenden Zubereitungsart für eine gesunde Lebensweise.

An den heißen Sommertagen werden bevorzugt scharfe Salate gegessen. Dieses »Frisch Kim Chi« ersetzt die Salze, die dem Körper durch das Schwitzen verloren gehen und kurbelt dazu den Kreislauf an.

Das Chlorophyll in den Pflanzen regt die Darmtätigkeit an. Im Gegensatz etwa zu fettem Fleisch helfen vegetarische Gerichte vielen ernährungsbedingten Erkrankungen vorzubeugen. Verkalkungen oder zu viel schädliches Cholesterin werden bei Menschen, die sich vegetarisch ernähren, seltener festgestellt. Wo Gemüse und Reis die wichtigsten Grundnahrungsmittel sind, leiden die Menschen seltener unter den »Zivilisationskrankheiten«, und sie werden sehr alt. Da die koreanische Küche zudem Dickmacher meidet, ist das vegetarisch-koreanische Kochen doppelt gesund. Wer dazu noch auf die gesundheitsfördernde Wirkung von Knoblauch schwört, wird früher oder später zu einem bekennenden Anhänger der koreanischen Küche. Wer den Knoblauchgeruch fürchtet, kann dieses Würz-Lebensmittel sparsamer verwenden als die Koreaner, die es gewohnt sind, auf ihren Märkten geschälte Knoblauchzehen sackweise vorzufinden. Vegetarische Koreakost tut auch den »Fleischessern« gut, und sei es nur, um einmal Abwechslung in den Speiseplan zu bringen.
Die Koreaküche eignet sich gut für Kombinationen: Ein Korea-Salat, eine Korea-Vorspeise oder eine Tofu-Spezialität können auch altgewohnte Speisefolgen neu aufmischen und dadurch wieder etwas interessanter machen.
Die vegetarische Korea-Küche wurde schon immer in den Klöstern des Landes und aus der religiösen Überzeugung heraus gepflegt. Wer im Kloster übernachtet und mit den Mönchen zusammen die Mahlzeiten einnimmt, wird viele der vegetarischen Köstlichkeiten wieder finden, von denen dieses Kochbuch berichtet.

KIM CHI & EIN WENIG MEER

Beim Essen sind und waren Koreaner stets neugierig. Ihre ältesten Rezepte stammen noch aus ihrer Ur-Heimat, der Mongolei. Als Nomadenvolk achteten sie darauf, dass ihr tägliches Essen während ihrer Wanderungen schnell und ohne große Umstände gekocht werden konnte. Den Ausgleich dafür boten ihre großen Feste mit unzähligen raffinierten Gerichten.

Koreas Küche bietet etwas von beidem: es gibt die Speisen, die im Handumdrehen fertig sind, und daneben große Festtagsgerichte.
Die Koreaner sind aufgeschlossen für fremde Küchenideen. Auch wenn sich die Küche des Landes deutlich von der Japans und Chinas unterscheidet, gibt es doch Speisen, bei denen auch der Küchen-Laie leicht herausschmecken kann, woher sie stammen. Das in Korea heute überall erhältliche Brot war bis zur Mitte des 20. Jahrhunderts dort

so gut wie unbekannt. Amerikanische Soldaten lehrten die Koreaner während des Koreakriegs Anfang der 50er Jahre das Brotbacken. Seither ersetzt eine Scheibe Brot schon oft das vorher obligatorische Schälchen Reis, das nach koreanischer Tradition eigentlich zu jeder Mahlzeit gehört. Eine Vorspeise, danach ein oder zwei Hauptgänge, gefolgt von einem Dessert – das würden Koreaner als ärmlich ansehen. In Korea wird ein festliches Essen nach der Methode »mit Kleinigkeiten klotzen« zusammengestellt. Dazu müssen viele Schüsseln und Schüsselchen, Teller und Schalen mit den unterschiedlichsten Köstlichkeiten gefüllt werden, damit sich jeder daraus nach seinem eigenen Geschmack bedienen kann. Je bedeutender der Anlass für ein Festessen ist, umso mehr Speisen stehen bereit.
Beim koreanischen Buffet kommt es darauf an, jedem Geschmack gerecht zu werden.
In Eierteig ausgebackene Zucchini, Auberginen und Zwiebeln im Teigmantel, geschmorter, in Ei gehüllter Lauch, stehen dann neben Du Bu (koreanisch für Tofu), gebacken und geschmort, und Jungzwiebelröllchen – unterschiedlich gefüllt, Schmorgurken und in Sesamöl geschmorten Pilzen. Knoblauch – in der halben Knolle salzigsauer eingelegt – oder aber als geschälte Zehen einzeln mariniert, harmoniert mit vielen Speisen. Aber auch Knoblauchkraut in Chilisauce gedünstet, Gurkenstücke mit Soja, Salzrettich mit Sesam und Mungobohnensauce, gemischtes Gemüse süßsauer, Riesenrettich mit diversen Gewürzen gedünstet, mindestens drei Sorten Kim Chi und darüber hinaus noch verschiedene Frischsalate bieten Abwechslung. Gebackene Sesamblätter und Seetang knusprig gebraten, Riementang (geflochten) sind bei festlichen Anlässen willkommene

Spezialitäten. Auch Reiswein, der gerne zu getrockneten Kastanien, Ginkgokernen, Walnüssen, Birnen und weiteren Snacks getrunken wird, und Süßspeisen aus Reismehl und Erdnüssen sind Korea-typische Genüsse.
Wer mag, kann nach Geschmack eine der vielen selbst gemachten Würzsaucen (siehe Basisrezepte Seite 32 f.) über die Speisen tröpfeln.
Ein Festessen muss auch ein Fest für das Auge sein. Deshalb werden Zutaten nach ihrer natürlichen Farbe ausgewählt. Nur wenn alle Farben vertreten sind, gilt ein Essen als gelungen. Das Farbenspiel fällt leicht bei rot (Chilis, Paprika), gelb (Paprika), grün (alle Blattgemüse) und weiß (Rettich). Schwarz wird mit Mu Err Pilzen oder schwarzem Seetang dargestellt.
Bei Hochzeiten oder beim jährlichen Totengedenken – stets ein wichtiger Anlass für ein fröhliches Familientreffen – überbieten sich koreanische Familien mit besonderen Festtagsmenüs. Dazu gehören dann 30, 40 oder mehr unterschiedliche Speisen, die nicht nur einzeln dekorativ in der Schale oder auf dem Teller angeordnet sind, sondern auch zusammen ein Appetit anregendes Muster ergeben müssen.
Alle Grundgeschmacksrichtungen sollten ebenfalls vertreten sein. Sojasauce und Bohnenpaste stehen dabei für den salzigen Geschmack, die Süße steuern einige Wurzelsorten, Süßkartoffeln oder Honig bei. Zitronen- und Reisessig sorgen für Säure, Chilis oder Senf liefern die unverzichtbare Schärfe. Der noch fehlende – leichte – Bittergeschmack kommt von der Ingwerwurzel.
Jedoch können weder die geschickteste Koreanerin noch der fähigste Koreakoch eine solche Fülle an unterschiedlichen Speisen über Nacht auf die Tische zaubern. In Korea arbeiten daher die Familienangehörigen und Verwandten in der Küche zusammen. Wenn aber die Großfamilie über das ganze Land verstreut ist und sich erst zum Festessen treffen kann, entwickeln Koreaner eine wahre Meisterschaft im Vorkochen und Frischhalten von Speisen.
Es ist eine Sache der Planung. Wenn frisches Gemüse roh verarbeitet wird, muss mit der Zubereitung bis kurz vor dem Servieren gewartet werden. Viele Speisen aber können durchaus im Kühlschrank oder in der Tiefkühltruhe auf ihren Auftritt warten. Mit etwas System können an den Abenden vor dem Festessen die verschiedenen Gerichte so weit vorbereitet werden, dass sie mit einigen wenigen Handgriffen servierbereit sind. Kühlschrank und Tiefkühltruhe halten gebratene und mit Folie abgedeckte Gerichte frisch. Salzige Saucen, wie etwa Sojasauce, konservieren die Speisen. Kim Chi besitzt die Eigenschaften von Sauerkraut und kann in einem entsprechenden Gefäß im Keller aufbewahrt werden. Sauer eingelegter Knoblauch schmeckt ohnehin erst nach einer ausreichenden Wartezeit.
Ein Koreabuffet ist also keine Zauberei.

MEDIZIN ZUM ESSEN

Korea ist das Schlaraffenland für Vegetarier. Nahrungsmittel waren hier immer knapp. Fisch und Fleisch waren rar und deshalb sehr teuer. Den essbegeisterten Koreanern, für die bis heute die Mahlzeiten zu den Höhepunkten des Tages gehören, wichen deshalb zwangsläufig auf vorwiegend pflanzliche Ernährung aus. Aus der Not heraus entwickelten die Koreaner viele Gemüserezepte, die zu Spezialitäten wurden. Dabei beschränkten sie sich keineswegs allein auf Gemüse aus dem Garten oder vom Feld und auf Obst und Nüsse.

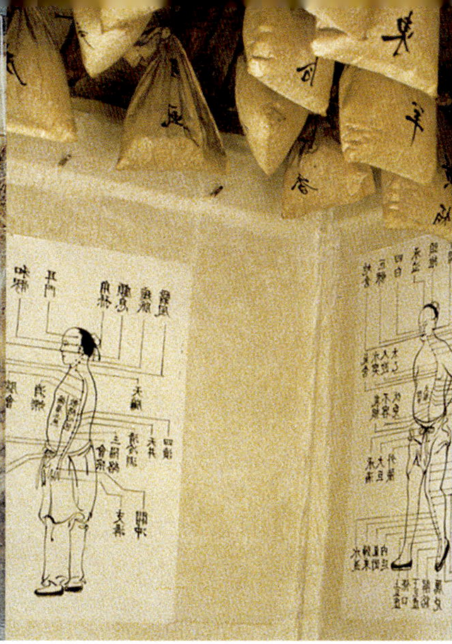

Alles, was Nährwert besitzt, kommt auf den Tisch. Wasserpflanzen, Seegras und Tang werden ebenso geerntet wie eine Reihe von Blättern und Knollen, die zu geeigneter Jahreszeit im Wald gesucht werden müssen.
Die Würzkraft unterschiedlicher frischer (oder getrockneter) Kräuter, Früchte, Schoten und Beeren wird dabei geschickt genutzt, um den ohnehin kräftigen Geschmack der Delikatessen vom Wegesrand zu unterstützen.
Viele Pflanzen, und die Gerichte daraus, werden in Korea als sehr gesundheitsfördernd gepriesen. Koreaner sind überzeugt davon, dass richtiges Essen Arztkosten erspart. Die heilende Wirkung bei manchen Krankheiten wird als Yak Sik beschrieben, was soviel wie »Medizin zum Essen« bedeutet.
Schon früh fanden die im Gebirge lebenden Koreaner heraus, mit welchen Gerichten sie gut und gesund über den Winter kamen. Sie entwickelten eine wahre Meisterschaft darin, Bohnen, Erbsen und andere Gemüsesamen keimen zu lassen, auch um so deren Vitamine für die tägliche Ernährung aufzuschließen.

Aus den Bergen stammen die Rezepte für heiß dampfende, eintopfähnliche Gerichte. Sie entsprechen in etwa nord- und mitteleuropäischen Eintopfgerichten: ohne allzu großen Aufwand bekommt man so schnell etwas Wärmendes und dabei Sättigendes aus unterschiedlichen Gemüsen in den Magen. Hierin aber unterscheiden sich Korea-Eintöpfe von denen anderer Völker: Auf ihnen schwimmt keine Fettschicht. Fett jeder Art war im alten Korea immer teuer und wurde entsprechend sparsam verwendet. Anders als im benachbarten China oder in Japan, spielt etwa das Frittieren in heißem Fett hier kaum eine Rolle. Deshalb hat die schlanke Koreaküche figur- und damit gewichtsbewussten Essern viel zu bieten.

엿
신토
불이

KOREANISCHE KOCHTECHNIKEN

EXTRATÖPFE UNNÖTIG

Das koreanische Kochen stellt keine Extra-Ansprüche an die Küchenausstattung. Die asiatische Kugelpfanne, der Wok, mit dem Thais, Chinesen, Vietnamesen oder Japaner in der Küche wirbeln, wird in Korea nicht verwendet. Stattdessen stehen ganz normale Töpfe und Pfannen auf den Kochstellen. Koreaner lieben Pfannengerichte.

Eierpfannkuchen werden in Dutzenden von Variationen gebraten. Chŏn sind dabei Kräuter- oder Zwiebelküchlein, bei denen der Eierteig die Gemüsezutaten zusammenhält. Mittlere Hitze und eine sparsam gefettete Pfanne, und schon kann das Pfannkuchenfest beginnen. Der Pfannenboden muss dazu die Hitze gleichmäßig weitergeben, sie verteilen und auch halten, wenn neuer Teig in der Pfanne verteilt wird.
Das schaffen billige Pfannen aus dünnem Aluminiumblech nur schlecht. Koreagerichte gelingen wegen des sparsamen Fettverbrauchs gut in schweren beschichteten Pfannen. Auch bei den Töpfen eignen sich die mit dem dicken, hitzeleitfähigen Boden für die Korea-Küche besonders gut.
Reis ist für Koreaner mehr als ein Grundnahrungsmittel. Reis wird zu nahezu jedem koreanischen Essen serviert. Deshalb lohnt sich die Anschaffung eines elektrischen Reiskochers.
Dies Gerät ist im Prinzip nichts anderes als ein Kochtopf mit Innenleben. Der innere eigentliche Kocheinsatz wird dabei auf eine im Übertopf eingebaute Kochplatte mit Hitzefühler gestellt. Die Kochautomatik überwacht nicht nur den eigentlichen Kochvorgang, sondern schaltet selbsttätig auf »Warmhalten« um, wenn der Reis fertig ist. So bleibt der Reis über Stunden heiß und damit tischfertig.
Bei diesem nützlichen Gerät kommt es weder auf seine Schönheit noch auf futuristisches Design an. Da alle Reiskocher nach ein und demselben Prinzip arbeiten, und da die elektrischen Kochplatten mit Hitzefühler auch in Asien schon seit Jahrzehnten bekannt sind, tut's das billigste Angebot – und das kommt meist aus China.
Das kitschige Blümchenmuster darf dabei nicht stören, denn diese in Asia-Läden erhältlichen Typen haben sich millionenfach in China bewährt und kosten nur einen Teil der zugegebenermaßen ansprechender gestalteten Modelle aus Thailand, Japan oder Malaysia. Die Chinatöpfe reichen für eine sensationelle Menge Reis: für bis zu zwölf Personen!
Wer seinen Reiskocher von einem Asienurlaub mitbringen möchte, muss darauf achten, dass er für den Betrieb mit 220 bis 230 Volt geeignet ist.

In Asien gibt es noch Länder, in denen 110 Volt die gängige Spannung sind.
Außer guten Töpfen und Pfannen werden noch beste Messer und ein großflächiges Schneide- oder Holzbrett benötigt. Das Gemüse wird für Koreagerichte je nach Rezept in feinste oder in feine Streifen geschnitten oder nur grob zerteilt (siehe dazu Seite 18, 20 f.).
Für fortgeschrittene Korea-(und Asien-)Köchinnen bzw. Köche ist die Anschaffung eines größeren Mörsers ein Muss. Viele Gewürze, Gewürzpflanzen, oder Gewürzmischungen offenbaren erst im Mörser, was an Aromen in ihnen steckt. Ein Mixer ist ein Notbehelf – besser als nichts – doch bleiben die Ergebnisse dabei oft enttäuschend im Vergleich zu dem, was sich an Geschmack im Mörser entwickeln kann. Zum Servieren holt man in Korea alles, was an Schalen und Schälchen im Haushalt vorhanden ist, aus dem Schrank. Glas, Porzellan und sogar Kunststoff werden nebeneinander verwendet – alles ist erlaubt, selbst kleine Teller und Untertassen dürfen benutzt werden, um ein anregendes Gesamtbild von Speisen und dem Drumherum zu komponieren.
Der »Bul Go Gi-Pan«, der Koreanische Feuertopf, der mit glühender Holzkohle gefüllt ist und zum Reisegepäck der wandernden Vorfahren heutiger Koreaner gehörte, wird in seiner Bedeutung für die Koreaküche überschätzt. Wörtlich übersetzt heißt Bul Go Gi »Fleisch über dem Feuer«.
Er gehört zu den Attraktionen koreanischer Restaurants. Bei den koreanischen Normalfamilien spielt er etwa die Rolle wie das Fondue-Set im deutschen Haushalt. Und so wie das Fondue eignet sich Bul Go Gi bestens dazu, auch große Familien um den Tisch zu versammeln und länger mit dem Essen zu beschäftigen – dazu ist er ein Fettsparer ersten Ranges. Vegetarier ersetzen den Helmaufsatz durch eine ordinäre Bratpfanne, schmoren ihr Gemüse auf dem Feuertopf und haben mindestens so viel Spaß dabei wie die alten Mongolen, die dünne Scheiben Fleisch auf den schweren gegossenen Messinghelm (mancherorts werden auch gusseiserne Helmaufsätze verwendet) des Bul Go Gi legten. Dieser Messingaufsatz kann auch mit dünnen, nur leicht eingeölten (Sesamöl!) Gemüsescheiben belegt werden. Auch Auberginen oder Zucchini eignen sich gut für diese Garmethode.

Statt Kochen: Blanchieren

Beim Gemüsekauf ist man in Korea überaus wählerisch. Koreaner prüfen die Angebote sorgfältig, bevor sie sich entscheiden, denn Gemüse wird gerne auch roh auf den Tisch gebracht und dazu muss es erntefrisch sein.
Grundsätzlich soll Gemüse nur blanchiert und nicht gekocht werden. Dazu werden die meist ganzen Blätter von Blattgemüse oder Kohl oder aber Stücke von härteren Gemüsesorten nur so lange in siedendes, leicht gesalzenes Wasser eingetaucht, bis sie angegart sind.
Spitzenköche haben auch in Europa schon früh entdeckt, dass blanchieren nicht nur den Geschmack des Gemüses besser bewahrt, sondern dazu auch Kochzeit einspart und Gemüse dabei die Farbe behält. Ernährungswissenschaftler loben darüber hinaus diese schonende Zubereitungsart, weil Gemüse nicht auslaugt.
So bleiben Vitamine und Inhaltsstoffe, die der Körper ständig braucht, erhalten.
Auch das Dämpfen von Gemüse ist in Korea bekannt, wenn es auch vergleichsweise wenige Rezepte dafür gibt. Dagegen beherrschen Koreaner die Schmortechnik meisterhaft.

Diese Technik erinnert an das Dünsten in der europäischen Küche. Eine ausreichend schwere und tiefe Pfanne mit einem gut schließendem Deckel reicht für das Schmoren aus.
Meist werden mehrere Gemüsesorten so vorbereitet, dass sie zusammen geschmort und dann gleichzeitig aus der Pfanne genommen werden können. Sorten mit längerer Garzeit wie Möhren, Kartoffeln oder Kohlrabi werden dazu in dünnere Scheiben oder Streifen und Zwiebeln, Zucchini, Gurken, Paprikaschoten und Lauch in dickere Ringe, Scheiben oder Stücke zerteilt. Das Problem unterschiedlicher Garzeiten für unterschiedliches Gemüse wird also mit dem Messer gelöst. Sollen aber gleich große Stücke serviert werden, dann kann in zwei Pfannen geschmort werden oder aber die weicheren Gemüse, wie z.B. Salat, Pilze, Paprika, werden erst später unter die härteren, wie Karotten oder Kartoffeln, gemischt.
Das Gemüse muss nach dem Schmoren noch »Biss« haben. Ein Essen, bei dem die Zähne nicht gebraucht werden, würde in Korea enttäuschen. Koreaner sind von der Qualität des Gemüses, wie es oft in den deutschsprachigen Ländern angeboten wird, regelmäßig enttäuscht. Wenn etwa die Zucchini mehr als drei Tage alt sind, dann bemerken es koreanische Vegetarier am veränderten Geschmack der Zucchini-Gerichte.
Warum in Europa bei Zucchini, Gurken oder Kürbis der Stielansatz oft abgeschnitten wird, verstehen sie nicht, bleiben doch Früchte mit Stiel und Blüte länger frisch. Paprika, Auberginen, Frühlingszwiebeln und so weiter müssen in Korea knackfrisch in die Küche kommen.
Die etwas welken Gemüse, die hierzulande gerne im Gemüseregal liegen, würden in Korea bestenfalls noch den halben Preis erzielen – wenn überhaupt. Gurken werden in Europa nach koreanischer Erfahrung zu spät geerntet. Eine Gurke darf nicht armdick sein, sondern höchstens den Durchmesser eines Besenstiels erreichen. Solche Gurken braucht man nicht zu schälen, das Auskratzen der Gurkenkerne ist unnötig. Die im deutschsprachigen Ausland lebenden Koreaner kaufen deshalb in Geschäften ein, die auch von Türken oder Italienern bevorzugt werden.
Dort finden sie das junge, frische Gemüse, das etwa für »Frisch Kim Chi« bevorzugt wird.

Bohnensprossen stehen häufig in Naturkostläden, Supermärkten und manchen Reformhäusern im Frischeregal. In den Asia-Shops füllt man die gewünschten Mengen frisch aus großen Containern in Plastiktüten. Meist werden Sojasprossen angeboten: die gelben Keimlinge schmecken erbsenartig, vor dem Verzehr sollte man sie blanchieren. Seltener werden Rettich- oder Mungobohnensprossen verkauft. Die Mungobohne gehört zwar zur selben Familie (botanisch) wie die Sojabohne, jedoch zu einer anderen Gattung. Auch Inhaltsstoffe und Größe unterscheiden die Mungobohne von der Sojabohne. Geschmacklich sind Mungobohnen vorzuziehen; Mungobohnenkeimlinge schmecken süßlich.
In Korea ist es üblich, beide Bohnenarten keimen zu lassen. Dort steht immer das Keimgefäß auf dem Fensterbrett, in einer Ecke der Küche oder auf einem Schrank. Während gekaufte Sprossen schon mal mit braunen Spitzen in die Küche kommen, werden die selbstgezogenen Sprossen immer dann geerntet, wenn ihre Blattansätze gerade gelb aufleuchten. Die Keimgefäße gibt es beim Asia-Händler, im Naturkostladen oder im Reformhaus.
Nach zwei, drei Proben mit wenigen Samen gelingt die Anzucht auch in einem mit feuchter Gaze oder Mulltüchern ausgelegten Topf.
Zum Keimen brauchen Bohnensprossen viel Wasser, schließlich ergeben 100 g Bohnen 300 g Sprossen. Schon lange füllen Koreaner Senfsamen, Rettichsamen, aber auch ungeschälte Getreidekörner in spezielle Keimgefäße die etwa so groß sind wie eine kleinere Teigschüssel.
Wenn es darum geht, Samenkörner sprießen zu lassen, sind Koreaner sehr einfallsreich. Mit dem Broccoli und weiteren »westlichen« Gemüsesorten kamen deren Saaten ins Land. Sofort wurden dann Sprossen davon im Keimgefäß gezogen. Sie wurden schnell populär, denn ihnen werden gesundheitsfördernde Eigenschaften nachgesagt. In den kargen Bergregionen Koreas gelten seit jeher alle Sprossen als Vitaminspender für den Winter und als lebensnotwendiger Ersatz für Frischgemüse.

Scharfe Messer für scharfe Schoten

Wo mit Stäbchen gegessen wird, müssen die Speisen in mundgerechte Stücke geschnitten werden. Viele Rezepte verlangen streichholzfeine und andere bleistiftdicke Streifen. Für Kim Chi werden dickere Streifen, Quadrate und Stücke bevorzugt, für Rohkostsalate werden die Gemüse streichholzfein geschnitten.
Längliche Gemüse wie Zucchini, Rettich oder Möhren dabei immer schräg anschneiden, denn länglich-ovale Scheiben liefern zwangsläufig längere Streifen. Dazu werden die Scheiben beim Schneiden übereinander gelegt, das spart Zeit. Rundes Gemüse, wie etwa Kohlrabi zuerst quer zum Stielansatz in kreisrunde Scheiben und danach in Streifen schneiden. Kohl, der in den Salat gemischt werden soll, schneiden Koreaner ebenso wie es auch in Deutschland bei Sauerkraut oder etwa Rotkohl üblich ist. Wer einen der in Süddeutschland oder auch Österreich üblichen Kohl- oder Krauthobel (das ist die Maxivariante des in vielen Haushalten vorhandenen Gurkenhobels) besitzt, kann auch dieses Küchenutensil für Frischsalate à la Korea verwenden. Da dabei die Kohlmengen überschaubar bleiben, kann selbst ein einfacher Gurkenhobel (der meist in Kombination mit einer Raspel und Reibe verkauft wird) verwendet werden, vorausgesetzt der Kohl wurde in etwa fünf Zentimeter breite Spalten zerteilt. Für viele Schmorgemüse und für Kim Chi werden keine Streifen, sondern gröbere Stücke – so groß wie eine Briefmarke oder wie eine Streichholzschachtel verwendet.
Knoblauch muss man nicht schneiden, sondern kann ihn einfach durch die Knoblauchpresse drücken. In Korea ist es üblich, die Knoblauchzehen mit dem Messer flach zu schlagen, um sie danach fein zu hacken. Dadurch kommt der intensive Knoblauchgeschmack noch besser zur Geltung. Auch die hauchzarten Knoblauchscheiben oder feinsten Knoblauchstifte, die zu einigen Gerichten gehören, fördern das Knoblaucharoma.
Chilis vor Gebrauch immer auskernen! Die in der Koreaküche bevorzugte superscharfe Sorte, hat es in sich. Wer Chili geschnitten hat, und sich danach die Augen reibt, wird ein Brennen spüren und mit

Tränen für diese Nachlässigkeit büßen.
Nur mit scharfen Messern gelingt der scharfe Schnitt, auf den es bei vielen Gerichten nun einmal ankommt. Stumpfe Messer erschweren nicht nur die Arbeit, sie zerquetschen die Zellen und zerstören auch manchmal das Bild, das die zubereiteten Speisen bieten. Ausgefranste Chilistreifen über einem frischen Salat sehen nicht sonderlich gut aus. Drei unterschiedliche Messer gehören zur Mindestausstattung der Koreaküche. Zunächst wird ein kleines Küchenmesser benötigt, mit dem zum Beispiel Chilis ausgekernt und Gurken geschält werden. Das große Messer muss lang genug sein, um etwa einen Kohlkopf zu zerteilen und ihn in Streifen zu schneiden. Bleibt noch das Hackmesser, wobei sich die einem Beil ähnliche Variante Asiens auch in der Koreaküche bewährt. Wer damit zu arbeiten gelernt hat, kann Gemüse nicht nur sehr schnell zerkleinern, sondern es mit der Breitseite gleich in Pfannen, Töpfe oder Schüsseln schaufeln.

D동 외향 9호
미소가 있는 곳

BESONDERE ZUTATEN

KOREA-GEMÜSEKUNDE

Be Tshu wird im deutschsprachigen Raum meist mit Kohl übersetzt, eine nicht ganz zutreffende Beschreibung. Be Tshu ist die Sorte, die fälschlicherweise Chinakohl genannt wird, auch wenn dieser Kohl in ganz Asien angebaut wird. Botanisch könnte dieser Kohl als eine Kreuzung aus dem Pak-Choi und der Speiserübe entstanden sein. Mit den europäischen Kohlarten ist er nur entfernt verwandt. Der Be Tshu wird gedünstet, blanchiert oder aber frisch als Salat und – sehr wichtig – als koreanischer Sauerkohl, sprich *Kim Chi* (siehe dort), serviert.

Blumenkohl und **Broccoli** haben längst auch die koreanische Küche erreicht, deshalb gibt es dafür auch eine Reihe von Rezepten.
Löwenzahn gilt den Koreanern als Delikatesse. Junge Blätter und die Wurzeln lassen sich hervorragend zu einem sauerkrautähnlichen vergorenen Kim Chi verarbeiten. Der italienische Löwenzahn, der oft angeboten wird, ist auch geeignet.
Gurken, Lauch, Rettich* *(Oyi, Pa, Mu-U)* gehören zu den Basiszutaten vieler Korea-Rezepte. Sie sind wichtige Bestandteile bei der scherzhaft »Junggesellen-Kim Chi« genannten Variante dieses scharfen frischen Salats. Darüber hinaus werden sie als Gemüse und als *Pu Tshu* verwendet, einem Gericht nach Art des japanischen Tempura (Gemüse im Teig ausgebacken, wobei die koreanische Variante aber weniger fett ist). *Pu Tshu* wird auch mit Lauchstreifen, Frühlingszwiebeln oder einer Mischung aus Basilikumblättern und Liebstöckel (Maggikraut) zubereitet. Auch der Rettichsamen spielt eine wichtige Rolle. In Korea lässt man die Körnchen keimen und verwendet dann die scharf schmeckenden Keime als Beigabe zu Salaten, ähnlich wie in Europa die Brunnenkresse. Wenn Rettichkeime fehlen, kann auch Kresse verwendet werden.
Blattgemüse *(Tshe So)* wie **Spinat** *(Si kúm Tshi)*, **Liebstöckel/Maggikraut** und auch **Eisbergsalat** wandern in Teig gehüllt als *Pu Tshu* in die Pfanne oder kommen kurz blanchiert auf den Teller. Eisberg- und Blattsalat sind nicht nur Zutaten für Frischsalate wie in Europa, sondern werden meist als Blattgemüse gegart.

* Wird in den Rezepten »Rettich« als Zutat angegeben, so meint dies in Deutschland den großen weißen Rettich, in Bayern als Radi oder Bierrettich bekannt.

Ohne **Knoblauch** *(Ma Núll)* zu kochen, kann man sich in Korea nicht vorstellen. Knoblauch ist Grundzutat für nahezu alles, bis auf Gebäck und Süßspeisen (aber dabei sollte man sich nicht zu sicher sein). In Essig eingelegter Knoblauch ist eine geschätzte Beigabe zum Essen und kann, wenn die Zeit nicht reicht, den sauren Knoblauch selbst einzulegen, auch als Konserve in Asia-Läden gekauft werden. Knoblauch sollte immer frisch und in größeren Mengen im Hause sein. Zur Not kann auch der in Öl oder manchmal in Essig eingelegte Knoblauch verwendet werden. Bei Gerichten aus der Pfanne, besonders wenn sie unter Rühren gegart werden, wird der Knoblauch nur kurz und zum Schluss mitgebraten, damit er seinen Geschmack behält.

Zwiebeln *(Yang-Pa)*, von denen es unendlich viele Variationen zu geben scheint, haben in der koreanischen Küche nahezu den gleichen Stellenwert wie der geliebte Knoblauch. Selbst **Knoblauchkraut** oder das **Zwiebelgrün** werden mitgekocht, mitgedünstet und mitgeschmort oder roh über den Salat gestreut. Die in dünne Ringe geschnittenen **Frühlingszwiebeln** (Lauchzwiebeln) werden gern in Pfannkuchenteig eingerührt ebenso auch junger Lauch.
Paprikaschoten/Peperoni *(Go Tshu)* aller Farben und aller Formen – rund oder spitz – und jeglichen Schärfegrades sind ebenfalls eine Grundzutat zu vielen Gerichten.
Chilis/Peperoncini *(Go Tshu)* werden frisch, getrocknet, granuliert, pulverisiert, eingesäuert und auf andere Art und Weise zubereitet verwen-

det – in welcher Form auch immer: Sie sind und bleiben sehr scharf. Der allgegenwärtige Kim Chi ist für Koreaner ohne Chili unvorstellbar, verdankt er doch seine leicht rötliche Färbung den scharfen Schoten.

Kraut und **Rüben** finden in der koreanischen Küche vielfältigste Verwendung. Alle Arten von Wurzelgemüse sind ebenso beliebt wie einige Kräuter, die in Korea zu phantasievollen Gerichten verarbeitet werden und in hiesigen Breitengraden weitgehend unbekannt sind, weil sie hier als Unkraut angesehen werden.

Geißfuß (in jedem Wald und in den meisten Gärten zu finden, wächst nahezu überall) gilt in Korea als Delikatesse und kommt als sog. **Berggemüse** *(San Na Mull)* auf den Tisch. Außerdem wird **Farnkraut** *(Go Sa Ri)* im Wald gesucht. Junge Triebe werden blanchiert, getrocknet und zu Festlichkeiten gekocht und mit etwas Sesamöl gedünstet. Koreanerinnen glauben daran, dass *Go Sa Ri* die Potenz ihrer Männer gerade so steuert, dass die Leistungsfähigkeit für zu Hause aber nicht darüber hinaus ausreicht. Nur junge Farntriebe sind für *San Na Mull* geeignet, deshalb suchen Koreaner auch in Europa Farne von Anfang April bis Mitte Juni, wenn die Pflanze austreibt. Und nur die Triebe mit der geringelten Spitze sind essbar. Nur die obere Hälfte und bei sehr jungen Trieben die oberen zwei Drittel sind zart.

Das Meer, das Korea von drei Seiten umspült, liefert **Seetang** bzw. **Meeresalgen**, die unter dem Begriff *Mi Yúk* als wichtige Zutat in vielen Rezepten zu finden sind. **Mi Yúk** wird wegen seines hohen Gehalts an Mineralstoffen und Vitaminen sehr geschätzt. Es gibt zahlreiche Sorten dieser Meeresgemüse, und man bekommt sie entweder getrocknet (im Asia-Shop oder im

Naturkostladen bei den Zutaten für makrobiotische Ernährung) oder auf Bestellung auch frisch bei gut sortierten Fischhändlern oder Feinkostversendern (in Salz konserviert). In unseren Rezepten verwenden wir die drei am häufigsten erhältlichen Algen: **Nori**, **Wakame** und **Kombu**. Nori-Algen sind vor allem als Zutat für Sushi bekannt; diese Rotalge wird in Korea auch als Gim bezeichnet. Koreaner essen Gim gerne geröstet am Stück, aber auch zerbröselt als Würzmittel für Nudel- und Reisgerichte findet die Alge häufig Verwendung. Wakame-Algen sind oft unter der Bezeichnung **Tasima/ Tashima** zu finden. Diese Braunalge wird traditionell in Mi Yúk Guk (Seetang-Suppe, siehe Seite 52) sowie Eintopfgerichten und Gemüsepfannen verwendet und sie verfärbt sich beim Garen von dunkelbraun ins Grünliche. Eine weitere Braunalge mit dem koreanischen Namen **Ba Da Tshe So** ist **Kombu**, die an der europäischen Atlantikküste und auf Sylt kultiviert wird und hierzulande häufiger frisch angeboten wird. Diese Algensorte hat den höchsten Jodgehalt der bei uns erhältlichen Speisealgen.

Wakame und Nori werden in Korea getrocknet verwendet. Teilweise müssen die Algen je nach Sorte (siehe Hinweise auf der Packung) mindestens 30 Minuten in Wasser eingeweicht werden, bevor man sie weiter verwenden kann.

Sojabohnen und **Mungobohnen** (*Nokdu Kong* und *Hin Kong)* gehören in Korea nicht nur als Sprossen zu den Volksnahrungsmitteln. Die Bohnen werden oft zu Du Bu, **Tofu** also,verarbeitet. Tofu liefert pflanzliches Eiweiß und wird auch Sojabohnenquark oder Sojabohnenkäse genannt, womit die der Käsezubereitung ähnliche Herstellungsmethode beschrieben wird. Als Frischblock wird Tofu in der Lake in Asia-Läden verkauft, Reformhäuser, Naturkostläden

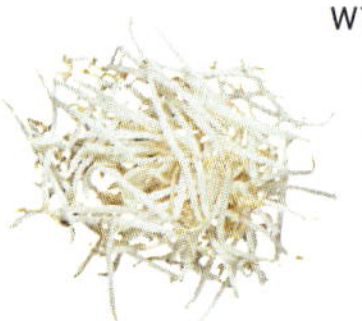

und Supermärkte bieten Tofu in Plastikfolie eingeschweißt an. Blocktofu lässt sich in Scheiben braten oder kann gewürfelt statt Fleisch verwendet werden. Die Variante Räuchertofu biete einen kräftigen Geschmack, Seidentofu dagegen ist weniger fest, fein im Geschmack und kann wie Quark verarbeitet werden. Eine wachsende Zahl von Trocken-**Tofuprodukten**, wie etwa der vegetarische Tofu-Gulasch oder aber körniger Tofu, der auch als Vegetarierhackfleisch bezeichnet wird, machen das Speiseangebot für Vegetarier immer vielseitiger.

Tofu ist ein einfaches Naturprodukt. Er entsteht, wenn gelbe Sojabohnen püriert mit Wasser ausgelaugt werden. Die Sojamilch wird aus der wässrigen Sojabohnenpüreemischung mit einem Tuch ausgepresst, aufgekocht und mit Zitronensaft gesäuert. Der geronnene Sojaquark wird ebenfalls in einem Tuch ausgepresst und darf länger in einem Leinentuch abtropfen. Ein erster weicher Tofu ist fertig. Wird diese Masse unter Druck gesetzt und so weiter entwässert, verfestigt sie sich zunächst nach 15 Minuten zu mittelfestem und nach 60 Minuten zu festem Tofu. Tofu ist sehr eiweiß- und nährstoffreich und verdirbt entsprechend schnell. Koreaner bewahren ihren Tofu in einem mit kaltem Wasser gefüllten Gefäß auf und tauschen täglich das Wasser aus. So bleibt Tofu bis zu drei Tagen frisch.

Erbsen und **Trockenbohnen**, etwa kleine rote Bohnen (Adzukibohnen oder Red Chori), gelten in Korea als gute Beimischung zum Reis.

Diese getrockneten Gemüse sollen im Reis für Farbtupfer sorgen – mehr nicht – und werden entsprechend sparsam in den Reistopf gestreut. Die typischen und schweren Bohnen- und Erbsengerichte europäischer Art sind auf der koreanischen Halbinsel weitgehend unbekannt.

In Korea werden alle Gemüsesorten auch getrocknet verwendet. Getrocknete Gemüse geben bis heute vielen Speisen ihren besonderen Geschmack. Asiatische Pilze wie Tongku-/ Shiitakepilze werden inzwischen in Supermärkten und guten Gemüsegeschäften frisch angeboten. Meist lassen sie sich auch durch Champignons ersetzen. Eine andere Alternative sind **Trockenpilze**. Asia-Läden bieten viele Sorten getrockneter Pilze an. Die getrockneten Pilze müssen vor Feuchtigkeit, Licht und Staub geschützt werden. Bewährt haben sich braune Schraubgläser, die im kühlen Keller aufbewahrt werden. Trockenpilze werden unter fließendem Wasser abgespült und danach in lauwarmes aber

nicht heißes Wasser gelegt, bis sie aufgequollen sind. Das kann je nach Größe und Beschaffenheit der Pilze bis zu einer Stunde dauern. Pro Tasse Pilze wird eine Tasse Wasser verwendet. Das Einweichwasser sollte nicht weiterverwendet werden.

Das typische koreanische Speiseöl ist das dunkle **Sesamöl**, *Chamgirúm* genannt. Es wird für Salate aller Art aber auch zum Braten und zum Schmoren oder Dünsten verwendet. Wer den Geschmack als zu intensiv empfindet, mischt Sesamöl mit geschmacksneutralen Ölen wie Sonnenblumenöl, Maiskeimöl, Erdnussöl. Geeignet sind auch alle Markenspeiseöle oder Sojaöl. Öle mit ausgeprägtem Eigengeschmack, wie etwa Olivenöl, eignen sich nicht, um den kräftigen Sesamölgeschmack zu mildern. Das schwarzbraune Sesamöl (die Farbe entsteht durch das Rösten der sandfarbenen Sesamsamen) ist lichtempfindlich und temperaturempfindlich, muss also an einem dunklen (!) kühlen Platz aufbewahrt werden.

In Essig mit Zucker und Sojasauce eingelegte **Sesamblätter** werden als Konserve in Asia-Läden verkauft. Sie dienen als appetitanregende Beigabe zum koreanischen Essen. Sie werden auch Shiso oder Schwarznessel genannt, die lateinische Bezeichnung des Gewürzkrautes ist Perilla frutescens. Gerne verwechselt man Sesam (Sesamum indicum) mit Sesamblättern oder »Wildem Sesam«.

Nudeln gehören zu den Grundnahrungsmitteln. Wo asiatisch-koreanische Nudelspezialitäten schwer erhältlich sind, bieten die Abteilungen für italienische Lebensmittel geeigneten Ersatz. Eier- oder Hartweizengrießspaghetti, die dünneren Spaghettini oder die besonders feinen Capelli d'Angelo (Engelshaar) entsprechen jeweils fast den koreanischen (gelben) Getreidenudeln. Glas- und Reisnudeln gehören zum Grundsortiment aller Asia-Shops.

Für **Reis** (*Bap*) gilt die Regel, dass pro Tasse Reis eineinhalb Tassen Wasser gebraucht werden. Beim Kochen verdoppelt der Reis sein Volumen, er saugt also das Wasser vollständig auf. In Korea wird ausschließlich Klebreis verwendet, weil andere Sorten kaum mit Stäbchen zu greifen wären. Woher der Reis stammt, interessiert die Koreaner kaum. Ob nun koreanischer, thailändischer oder indonesischer Reis angeboten wird, letztendlich entscheiden Sorte und Preis darüber, was gekauft wird. Auch zum **Reismehl**, das für viele Gerichte gebraucht wird, wird Klebreis vermahlen. Er ist der Grundstoff für die süßen und salzigen Gebäcksorten, die in Korea angeboten werden. Allerdings gewinnt das Weizenmehl, das erst nach dem Korea-Krieg eingeführt wurde, immer mehr Anhänger.

Wie auch im übrigen Asien kaufen Koreaner ihren Reis in größeren Mengen. Dabei gelten fünf oder 10-Kilobeutel noch als kleine Mengen, beliebter ist der 25 Kilosack. Da sich Reis gut in großen Schraubgläsern, etwa die, in denen einmal Gewürzgurken gekauft wurden, aufbewahren lässt, ist die Vorratshaltung kein Problem. Mehr als einen Jahresbedarf sollte man aber nicht kaufen, auch wenn der Großeinkauf sparen hilft. Jüngerer Reis lässt sich durch seinen Seidenglanz leicht vom älteren matt und rau wirkenden Reis unterscheiden.

Das Korea-Gewürzregal

Chili *(Go Tshu)* – entweder als Pulver oder als Granulat alternativ auch als Paste – ist der wichtigste »Scharfmacher« in der Koreaküche. Wenn im Supermarkt keine frischen Schoten zu haben sind, tut es auch Cayennepfeffer. In diesem Zusammenhang sei erwähnt, dass Chilischoten aus Mittel- und Südamerika stammen und erst mit den Seefahrern nach Asien kamen. Küchenfertig vorbereitete Chilischoten können eingefroren und wie frischer Chili verwendet werden, solange der Chili nicht für die Dekoration der Speisen gebraucht wird.

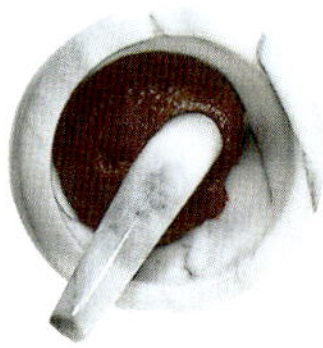

Chilipaste gehört als *Go Tshu Chang* oder auch *Go Tshu Zang* neben der Soja- bzw. Mungobohnensauce, *Ganchang,* und der Bohnenpaste, *Daenchang* (auch *Dean Zang*), zu den drei großen »Changs«*, die als Grundausstattung in jeder Küche Koreas stehen. Die Chilipaste ist wegen ihres Geschmacks beliebt, der noch an die frischen Chilis erinnert. Die Paste hält sich gut und kann auch in der Tiefkühltruhe eingefroren werden.

Wenn die Paste schwer erhältlich ist, kann man sich mit Sambal Oelek behelfen, eine leichtere Variation der Chilipaste, wie sie in Indonesien oder Malaysia hergestellt wird. Im Gegensatz zur Chilipaste** wird Sambal Oelek von vielen Supermärkten geführt.

Die im Handel erhältliche »Original«-Chilipaste ist in der Zubereitung so anspruchsvoll, dass selbst koreanische Familien inzwischen das Fertigprodukt aus der Fabrik kaufen. Sie wird mit reichlich Salz und Sojasauce hergestellt, was auch die gute Haltbarkeit erklärt. Wenn die Paste wie Knetmasse wirkt, so liegt das an der reichlichen Zugabe von Klebreismehl und Mungobohnenmehl. Im Geschmack ist diese Chilipaste der thailändischen und auch in Europa leichter erhältlichen roten Currypaste ähnlich. Auch wenn die Thais zusätzlich noch fein gemahlenes Zitronengras samt Ingwer in ihre Paste einarbeiten, so harmoniert auch diese rote Currypaste mit allen Gerichten, für die dicke Chilipaste gebraucht wird. Die Chilipaste und die rote Currypaste halten sich sehr lange, wenn sie eingefroren werden.

Bohnenpaste, Daenchang, wird in Korea wie Suppenwürfel in den westlichen Ländern verwendet. Die hellgelbe sehr salzige Paste ist ein Produkt aus gemahlenen, danach fermentierten Mungobohnen und daher sehr eiweißhaltig. *Daenchang* eignet sich für Suppen, Eintöpfe, Saucen, Marinaden und Dips und lässt sich (mit Einschränkungen) auch durch fertig gekaufte gekörnte Gemüsebrühe oder Gemüsebrühwürfel ersetzen. Man kann stattdessen auch die helle japanische Misopaste verwenden. *Mungobohnen-* und *Sojabohnensauce, Ganchang,* wird in der Urform aus fermentierten Bohnen mit Salz und Wasser hergestellt. Heute rundet man den Geschmack mit Weizen, Gerste oder Reis ab. Die Saucen sind sehr salzig und werden in Korea in zwei Stärken als dickflüssige oder als dünne *Ganchang* angeboten. Die Koreaner schwören auf ihr Produkt, doch statt Korea-Ganchang können auch chinesische oder thailändische Sojasaucen verwendet werden. In der koreanischen Küche wird die dunkle Sojasauce bevorzugt.

---

*Chang wird auch Zang oder Chiang geschrieben.

** Selbst hergestellte »schnelle« Chilipaste, siehe Basisrezepte Seite 32.

Pfeffer, **Salz** und **Zimt** entsprechen den in Europa gängigen Produkten, wobei in Korea ausschließlich der schärfere schwarze Pfeffer verwendet wird.

Wo **Essig** verlangt wird, greifen koreanische Köche zur Flasche mit der Essigessenz und verdünnen sie mit Wasser. Dabei verwenden die Koreaner etwas mehr Wasser als etwa in der Schweiz, Österreich oder Deutschland üblich, weil milderer Essig bevorzugt wird. In Korea werden Getreideessig (eine Art Branntweinessig), Obstessig und Reisessig (ähnlich wie Getreideessig) hergestellt.

Zitronenessig ist eine Mischung aus je einem Teil Zitronensaft und Essig. Koreaner verwenden Essig ausschließlich in der kalten Küche.

Reiswein ist ein alkoholisches Getränk, das wie Sake aus Reis gebraut wird. Er ist schwächer als Traubenwein, leicht süßlich und kann – falls kein koreanisches Produkt erhältlich ist – durch japanischen oder den etwas stärkeren chinesischen Reiswein ersetzt werden. Auch trockener Sherry ist ein sehr geeigneter Ersatz.

Sesam *(Kkae)* ist Zutat und Gewürz zugleich. Die Sesamkörner müssen vor Gebrauch erst geröstet werden (siehe Basisrezept Seite 34). Der abgekühlte goldbraune Sesam wird auch mit Salz vermischt und leicht im Mörser zerrieben und dann in einem Schraubglas aufbewahrt (keine zu großen Mengen herstellen, gerösteter Sesam kann schnell ranzig werden). Die Mischung ist ein beliebtes Gewürz.

Ingwer treibt schöne schilfähnliche Blätter aus, gelegentlich findet man Pflanzen in Blumengeschäften. Für die Küche zählt nur die Ingwerwurzel. Sie schmeckt eigenwillig, leicht süßlich und ist angenehm scharf und gibt mit ihrem besonderen, leicht bitteren Aroma vielen Gerichten den besonderen Pfiff. In Korea schätzt man Ingwer vor allem bei der Zubereitung der unterschiedlichen Kim Chi-Arten. Ingwer kann in (kleinsten) Stücken, zerstoßen und zerrieben verwendet werden. Ingwerpulver kann frischen Ingwer nicht ersetzen. Keine großen Mengen kaufen, denn die Wurzel hält sich leider nicht lange. Gute Qualitäten erkennt man an der Festigkeit und der glatten Haut. Verschrumpelte Wurzeln sind verdorben. Reste halten sich einige Tage in einer Plastiktüte im Kühlschrank oder in Sherry eingelegt. Koreaner verfahren mit dem Ingwer ähnlich wie Europäer mit den Möhren. Die frische Wurzel wird in Sand eingegraben und dann in den kühlen Keller gestellt. In Korea wird Ingwer meist im Mörser zerstoßen. Wer keinen Mörser besitzt, kann Ingwer auch im Mixer zerkleinern oder auf der Glasreibe fein raspeln.

ABKÜRZUNGEN

g = Gramm
kg = Kilogramm
l = Liter
ml = Milliliter

1 Tasse = 125 ml (Inhalt)
1 Tasse gekochter Reis = 110 g
mm = Millimeter
cm = Zentimeter

LOTTE

PASTEN & CO.

BASISREZEPTE

SCHNELLE SCHARFE CHILIPASTE
GO TSHU ZANG

1 EL Chilipulver
1 EL Zucker
4 EL helle Sojasauce
2–3 durch die Knoblauchpresse gedrückte oder im Mixer zerkleinerte Knoblauchzehen

1 Chilipulver mit Zucker und Sojasauce so lange miteinander verrühren, bis sich der Zucker aufgelöst hat. Danach Knoblauch unterrühren.

ESSIG-SOJA-SAUCE
TSHO GAN ZANG (1)

4 EL Sojasauce
2 EL Essig
2 EL Zitronensaft
1 EL geröstete Sesamkörner oder Pinienkerne

1 Sojasauce, Essig und Zitronensaft miteinander vermischen und kurz vor dem Servieren Sesamkörner oder Pinienkerne unterrühren.

SÜSS-SAUER-SCHARFE SAUCE
TSHO ZANG (2)

1 TL Chilipaste nach Grundrezept
2 TL Wein- oder Obstessig
2 TL Zucker (nach Geschmack auch mehr)
Salz, Pfeffer

Nach Belieben:
Wasser
Schnittlauch oder Petersilie
Geröstete Sesamkörner

1 Chilipaste, Wein- oder Obstessig und Zucker sorgfältig miteinander vermischen und salzen und pfeffern. Nach Belieben mit etwas Wasser verdünnen. Variationen durch Zugabe von gehacktem Schnittlauch oder gehackter Petersilie oder Sesamkörnern sind möglich.

SÜSS-SAUER-SCHARFE CHILIPASTE
TSHO GO TSHU ZANG

1 EL scharfe Chilipaste (s. linke Seite)
2 EL Essig
½ TL Zucker

Nach Geschmack:
1–2 EL Klebreismehl

1 Die scharfe Chilipaste mit dem Essig und dem Zucker sorgfältig verrühren. Die Paste kann mit (Kleb-)Reismehl angedickt werden, wobei das Reismehl auch die Schärfe mildert.

SCHARFE ESSIG-SENF-SAUCE
KYEOJA

4 bis 5 EL lauwarmer Essig
2 EL Senfpulver oder scharfer Senf
evtl. etwas Wasser

1 Tropfenweise Essig in Senfpulver (oder den scharfen Senf) einrühren, gegebenenfalls mit Wasser verdünnen und in der Schärfe etwas abmildern.

SCHARFE BOHNENPASTE
DEAN ZANG

2 EL Chilipulver
2 EL Sojasauce
2 EL Bohnenpaste (Fertigprodukt)

1 Chilipulver, Sojasauce und Bohnenpaste nach und nach gut miteinander vermengen.

FARNKRAUTGEMÜSE
GO SA RI

Junge Farnsprossen
Wasser

1 Das junge Farnkraut – nur obere Hälfte oder bei sehr zarten Pflanzen obere zwei Drittel des Farnwedels verwenden – in heißem Wasser blanchieren. Dabei wechselt die Farbe des Farns, das ursprünglich grüne Kraut färbt sich dunkelbraun.

2 Das blanchierte Kraut trockentupfen und danach auf Küchenkrepp oder einem Küchentuch in der Sonne weiter trocknen.

3 Das so vorbereitete Farnkraut in gut verschlossenen Gläsern dunkel aufbewahren.
Pro Person reicht eine halbe Hand voll getrocknetes Farnkraut.

RETTICHSAFT
MU-U MULL

(wird für Kim Chi benötigt)
1 großer weißer Rettich

1 Rettich raspeln. Rettichraspel in ein festes Leintuch geben, langsam aber kraftvoll von oben her zusammendrehen, und den dabei austretenden Saft auffangen.
Alternativ können Saftpressen und Saftzubereiter verwendet werden. Auch Rettich, der durch den Fleischwolf gedreht wird, sondert viel Saft ab und das darauf folgende Auspressen im Tuch fällt leichter.

Eierrhomben
Gea ran zi dan

2–4 Eier je nach Bedarf
Salz
2 EL Pflanzenöl
1 EL Sesamöl

1 Eier mit dem Schneebesen schlagen und ein bis zwei Prisen Salz zugeben.

2 Pflanzenöl mit Sesamöl vermischen und in einer Pfanne gut erhitzen.

3 Die Eimasse nacheinander zu sehr dünnen Eierkuchen ausbacken, und je nach Rezept warm oder kalt weiterverwenden.

4 Die Eierkuchen in Rhomben von 2,5 Zentimeter auf 2,5 Zentimeter Kantenlänge aufschneiden und als Dekoration verwenden.
Ebenfalls als Dekoration werden in feine Streifen geschnittene Eierkuchen verwendet.

Sesamkörner, geröstet
Kkae

Sesamkörner
Wasser

1 Frische Sesamsamen (Körnchen) gründlich waschen und nach dem Abtropfen noch etwas feucht in einem hohen Topf rösten (wenn die Kerne geröstet sind, beginnen sie zu springen; der hohe Topfrand verhindert, dass die Küche wie nach einem Sandsturm aussieht).

2 Wenn der Sesam eine goldbraune Farbe annimmt und sich zwischen Zeigefinger und Daumen leicht zerdrücken lässt, ist er fertig geröstet und muss abkühlen. Dazu in eine Schüssel umfüllen, weil *Kkae* im Topf nachbräunt oder schwarz wird, und dann bitter schmeckt.

Gemüsebrühe

Wenn in einem Rezept Gemüsebrühe verlangt wird, kann auch ein Fertigprodukt verwendet werden. Dabei spielt es keine Rolle, ob Gemüsebrühwürfel – wie sie im Asia-Laden meist aus thailändischer Herkunft verkauft werden – oder die gängigere gekörnte Gemüsebrühe verwendet werden. Die meisten Fertigbrühen werden aus einer kräftigen Gabe Speisesalz, Glutamat als Geschmacksverstärker, Hefebrühe, pflanzlichem Fett, Zucker, Kräutern, Gewürzen, viel Gemüse und Gemüseextrakt hergestellt. Es gibt aber auch rein pflanzliche Gemüsebrühen ohne Geschmacksverstärker (wichtig für empfindliche Menschen) sowie Hefebrühen (Reformhaus, Naturkostladen). Da Fertigbrühen sehr salzig sind, müssen die Rezepte unter Umständen angepasst werden.
Wird auf eine etwas dunklere Farbe Wert gelegt, dann eine aufgeschnittene Zwiebel kräftig so lange in kaum gefetteter Pfanne braten, bis die Zwiebelfläche leicht schwarz wird. Die so geschwärzte Zwiebel gibt, wenn sie in der Gemüsebrühe mitgekocht wird, ihre Farbe an die Brühe ab.
Das nebenstehende Rezept ergibt nach Reduktion eine Vorratsmenge von ca. 1 ½ l Brühe.

Gemüsebrühe
Tshe So

300 g Möhren, geschrappt und in Scheiben geschnitten
1 Sellerieknolle, geschält, in Achtel geschnitten
Selleriegrün, zerkleinert
Blumenkohl-/Broccoliblätter und -strunk, gewaschen, grob zerkleinert
$^1/_2$ Kopf Weißkraut, gewaschen, in fingerlange und fingerbreite Stücke geschnitten

Weitere Zutaten:
1 Kohlrabi, geschält, in Scheiben geschnitten
2–3 Stangen Lauch, in Stücke geschnitten
1 große Gemüsezwiebel oder $^1/_2$ Bund Frühlingszwiebelgrün, grob zerkleinert
1 Hand voll grüne Bohnen, halbiert
1 kleiner Rettich (ca. 200 g), in Stücke geschnitten, dünn abgeschält
500 g gelbe Sojabohnen
nach Belieben und Angebot weitere geputzte Gemüse oder Gemüseabschnitte

2 EL Pflanzenöl

Nach Belieben:
gehackte Knoblauchzehen
1 daumenlanges Stück frischer Ingwer, zerstoßen oder in feine Scheiben geschnitten
2 $^1/_2$ l Wasser
1 EL Salz, 10 Pfefferkörner
2–3 Gewürznelken
1 Hand voll frische Blätter von asiatischem Basilikum
1 Hand voll frisches Korianderkraut

1 Die gründlich gewaschenen und geputzten Gemüse einschließlich Weißkraut in Pflanzenöl andünsten. Wenn der Kohl glasig ist, Knoblauch und Ingwer zugeben, umrühren und die übrigen Gemüse unterrühren.

2 Mit dem Wasser aufgießen und bei geringer Hitze ohne Umrühren köcheln lassen. Nach ca. 1 Stunde die Brühe durch ein Sieb in einen zweiten Topf gießen, die Gewürze und Kräuter (alternativ können Sie auch normales Basilikum verwenden) zufügen und die Gemüsebrühe durch sanftes Köcheln etwa weitere 30 Minuten reduzieren.

3 Danach die übrigen Zutaten wieder hinzugeben und weitere 30–45 Minuten köcheln.
Je mehr Flüssigkeit verdampft, umso kräftiger wird die Brühe. Sie kann in einem Schraubglas im Kühlschrank ca. 3 Tage aufbewahrt werden; zuvor das Gemüse entfernen.

Snacks & kleine Gerichte

Die nachfolgenden Gerichte werden in Korea oft mit einer Schale Reis oder Nudeln oder einer pikanten Sauce als kleine Mahlzeit serviert. Kombiniert mit anderen Gerichten, können sie zu einem Festmahl oder einem Büffet zusammengestellt werden.

GEWÜRZREIS IM KÜRBISBLATT
HOBAK CHŎN

4 Portionen
Junge Kürbisblätter
4 EL Sojasauce
2 EL Gartenkräuter (Schnittlauch, Petersilie, Liebstöckel, Dill, zwei Blatt Basilikum usw. – je nach Verfügbarkeit), fein gehackt
1 EL Frühlingszwiebel oder Zwiebel, gehackt
1 EL Sesamöl
1 TL Sesamkörner, geröstet (Seite 34)
200 g gekochter Reis
3–4 Knoblauchzehen, fein gehackt

1 Die nicht zu großen, jungen und gründlich gesäuberten Kürbisblätter von harten faserigen Bestandteilen befreien (strippen). Dazu die Außenfasern am Stielansatz mit einem spitzen Küchenmesser greifen und abziehen. Blätter 1 bis 2 Minuten in sprudelndem Salzwasser blanchieren, in Küchenkrepp trocknen und mit dem Knoblauch auf einem größeren Teller um ein Schälchen mit der Sojamarinade arrangieren.

2 Diese Marinade wird aus der Sojasauce, den fein gehackten Gartenkräutern – die nach Jahreszeit typischen Kräuter wählen –, der gehackten Frühlingszwiebel, dem Sesamöl und den Sesamkörnern gemischt.

3 Am Tisch nimmt sich jeder ein Kürbisblatt und füllt es mit einem Esslöffel gekochtem warmen oder kalten Reis. Danach bis zu einem Teelöffel Marinade über den Reis verteilen, etwas Knoblauch darüber geben und alles mit dem Kürbisblatt zu einer mundgerechten grünen Kugel verschließen, die dann aus der Hand sofort gegessen wird.

Zubereitungszeit etwa 15 Minuten – ohne Reiskochen

Die gesäuberten und gestrippten Kürbisblätter können auch durch junge Zucchiniblätter ersetzt werden – sie sind aber rauer und härter. Das gilt so auch für junge Gurkenblätter. Auch blanchierte Bohnenblätter (Stangen- oder Buschbohnen) sowie Blätter vom Eisbergsalat oder Kohlblätter eignen sich für dieses Rezept, das allerdings mit Kürbisblättern typisch koreanisch gelingt. Die blanchierten Blätter können auch problemlos eingefroren werden, damit dieses Gericht auch im Winter serviert werden kann.

Reis im Salatblatt
Sang Tshu Szam

4–6 Portionen
1 Kopfsalat
4 Knoblauchzehen – oder mehr
1 Schälchen Chilipaste, Seite 32
1 EL Sesamöl
1 TL Sesamkörner, geröstet (Seite 34)
1 TL Zucker oder Honig
200 g gekochter Reis

1 Frische Salatblätter waschen, gut abtropfen lassen, nicht blanchieren, und auf einem großen Teller mit dem Knoblauch um ein Schüsselchen mit Chilipaste anrichten.

2 Dazu die Chilipaste mit Sesamöl, Sesamkörnern, Zucker oder Honig vermischen. *Sang Tshu Szam* wie *Hobak Chŏn* (Gewürzreis im Kürbisblatt) servieren.

Für dieses Rezept eignen sich alle Blattsalate und Blattgemüse, die roh gegessen werden können – wie verschiedene Salatsorten, aber auch Chinakohl und Pak-Choi, wobei die Kohlsorten einen kräftigen Eigengeschmack mitbringen. Sie sollten kurz blanchiert werden.

Zubereitungszeit etwa 10 Minuten – ohne Reiskochen

In Korea wird zum Gewürzreis im Kürbis- bzw. Salatblatt reichlich Knoblauch genommen. Während dort ganze Zehen Verwendung finden, genügt es in Europa, ein paar Scheibchen oder gehackten Knoblauch über dem Reis zu verteilen.

Gefüllte Zwiebeln – Pusan Art
Yang Pa Chŏn

4 Portionen
Für die Zwiebelhülle:
7–8 größere Zwiebeln

Für die Füllung:
70 g Sojakost* (Vegetarierhackfleisch)
1 $^1/_2$ Tassen Hefe- oder Gemüsebrühe
1 fingerlanges Stück Lauch
50 g Tofu (nach Geschmack)
2–3 EL Mehl
2 Eier

Würzmischung für die Füllung:
1 EL Lauch, feinst gehackt
1 EL helle Sojasauce oder $^1/_4$ TL Salz
1 TL Zucker
1 TL Sesamöl
1 TL Sesamkörner, Seite 34
etwas zerstoßener Ingwer, etwas Pfeffer

Zum Braten:
2–3 EL Pflanzenöl – nach Geschmack oder eine Mischung aus Pflanzenöl und Sesamöl

1 Zwiebeln in 1 bis 1$^1/_2$ cm breite Ringe schneiden – aus Ringen, die aus der Mitte geschnitten wurden, die inneren Ringe herausdrücken. Die äußeren Ringe beiseite legen.

2 Sojafertigprodukt nach Vorschrift 10 Minuten in 1$^1/_2$ Tassen Hefe- oder Gemüsebrühe quellen lassen.

3 Die inneren Ringe der Zwiebeln mit den oberen und unteren Abschnitten zusammen mit dem Lauch und gegebenenfalls mit dem Tofu fein hacken und mit der aufgequollenen Sojakost vermengen und die Würzmischung einkneten.

4 Die beiseite gelegten Zwiebelringe mit Küchenkrepp abtrocknen, mit etwas Mehl bestäuben und mit der Masse aus Sojakost füllen, erneut mit Mehl bestäuben, in geschlagenem Ei wälzen und sofort in sehr heißem Öl von beiden Seiten braten. Nur jeweils drei gefüllte Zwiebelringe auf einmal in die Pfanne geben, weil sich sonst das Fett zu schnell abkühlt.

Zubereitungszeit etwa 30 Minuten

* »Sojakost«– im Naturkostladen oder Reformhaus erhältlich

Eierzucchini, gebraten
Ho Bak Chŏn

2 Portionen
1 mittelgroße Zucchini (oder 2 kleine)
$^1/_4$ TL Salz
$^1/_4$ TL Pfeffer
1 EL Mehl
1 Ei
2 EL Speiseöl zum Braten

1 Die Zucchini in Scheiben – etwa 1$^1/_2$ mm dick – schneiden, leicht pfeffern und salzen, beidseitig mit Mehl bestäuben (oder darin wenden), in geschlagenes Ei tunken und auf jeder Seite goldgelb braten. Darauf achten, dass die Zucchinischeiben knackig bleiben.

Zubereitungszeit 20 Minuten –
davon 10 Minuten zum Braten

Ebenso lassen sich kleine Auberginen zubereiten.

TOFU-FRIKADELLE
DU BU YANG NEUM TI KIM

4 Portionen
400 g frischer Tofu
2 Stängel Frühlingszwiebeln
2 Zehen Knoblauch
2 Eier
1 EL Sesamöl
1 EL Sesamkörner, geröstet (Seite 34)
2 EL helle Sojasauce
etwas Mehl, Pflanzenöl
Salz, Pfeffer

1 Tofu auf die Mitte eines Küchentuchs legen und einwickeln. Tuch von beiden Seiten so zusammendrehen, dass das Wasser aus dem frischen Tofu herausgewrungen wird. Alternativ in ein Tuch einschlagen und mit einem Gewicht – etwa einem gefüllten Topf – beschweren, um den Tofublock zu entwässern; der Tofu ist danach bröselig.

2 Frühlingszwiebeln und Knoblauch fein hacken. Eier, Sesamöl und geröstete Sesamkörner und Sojasauce gut vermischen und mit Tofu, Knoblauch und Frühlingszwiebeln zu einem Teig verkneten. Dabei Salz und Pfeffer sehr vorsichtig nach Geschmack beigeben. In Korea wird auf Salz verzichtet, weil bereits die Sojasauce ausreichend Salz enthält.

3 Aus der Masse Frikadellen formen, mit etwas Mehl bestäuben und in heißem Pflanzenöl knusprig braun braten. Je nach Größe reicht der Teig für 8 bis 10 Frikadellen.

Zubereitungszeit 25 bis 35 Minuten

Der Teig kann auch zu Kügelchen geformt werden, die ausgebraten oder frittiert als Suppenklößchen verwendet werden.

FRÜHLINGSZWIEBEL SNACKS
YANG PA PI MANG BU-TSCHIM

4 Portionen
2 Paprikaschoten (Peperoni), rot
8 Stängel Frühlings-/Lauchzwiebeln
120 g Mehl
120 g Reismehl
5 Eier
Salz und Pfeffer
etwas Wasser
Pflanzenöl zum Ausbraten

1 Paprika – seine rote Farbe schmückt diese Snacks – putzen und längs in streichholzdicke Streifen schneiden, Frühlingszwiebel der Länge nach vierteln und in etwa 10 cm lange Stücke aufteilen.

2 Mehl, Reismehl, 1 Prise Salz und etwas Pfeffer in eine Schüssel füllen, die Eier zugeben und unter löffelweisem Hinzufügen von Wasser zu einem glatten, nicht zu dünnen Teig verrühren. Jetzt die Paprikastreifen und Frühlingszwiebelstücke unterrühren. Öl in die Pfanne geben und den Teig zu etwa handtellergroßen Küchlein ausbacken – auf Küchenkrepp entfetten.

Zubereitungszeit 20 Minuten bis 30 Minuten

Pikant eingelegter Knoblauch
Manel Zang Ajji

4 Portionen
30 frische Knoblauchknollen
2 Tassen milder Essig (Obstessig)
2 Tassen helle Sojasauce
$^{2}/_{3}$ Tasse Zucker

1 Jungen Knoblauch – seine Haut ist noch nicht getrocknet, sondern saftig und zieht sich am Stängel hinauf, gibt es im Frühjahr und dann oft in türkischen, griechischen oder italienischen Gemüsegeschäften – von Wurzeln und Stängel befreien, die äußerste Haut abziehen. In eine Schüssel setzen und mit Essig übergießen.

2 Vier bis fünf Tage ziehen lassen, dabei hin und wieder die Knoblauchknollen umdrehen. Wenn der Essig seine Schärfe verloren hat, abgießen.

3 Knollen in ein Glas legen (leeres Gewürzgurkenglas oder ähnliches). Sojasauce mit Zucker kurz aufkochen und zum Abkühlen beiseite stellen. Die abgekühlte Mischung auf die Knoblauchknollen gießen. Das Glas gut verschließen.

4 Nach einer Woche die Flüssigkeit abgießen, erneut aufkochen und wieder abgekühlt über die Knollen ins Glas gießen. Gut verschließen und anschließend das Ganze etwa zwei Monate ruhen lassen.

5 Die eingelegten Knoblauchknollen können zu vielen Gerichten als »Extra« serviert werden. Sie haben während der Marinierung ihren scharfen und von manchen gefürchteten Geruch verloren.

Zum Servieren den eingelegten Knoblauch in Scheiben oder Hälften schneiden.
Die Scheiben eignen sich auch zur Dekoration oder als Beilage.

Zubereitung 45 Minuten – ohne Reifezeit (hält sich von einer Knoblauchsaison bis zur nächsten)

Diese in Korea als Delikatesse geliebten Knoblauchscheiben werden im Korea-Laden oder Asia-Shop als Konserve verkauft.

Gegrilltes Gim
Gim Gui

4 Portionen
4 Blätter Gim (Nori)
4 EL Sesamöl
1 TL Salz
geröstete Sesamkörner, Seite 34

1 Gim mit Sesamöl einreiben, am besten mit einem getränkten Küchenkrepp.

2 Über einem Holzkohlengrill mit einer Zange so lange hin und her schwenken, bis es knusprig ist.

3 Fertig gegrilltes Gim leicht mit Salz und den gerösteten Sesamkörnern bestreuen und in mundgerechte Stücke schneiden.

Zubereitungszeit etwa 10 Minuten

Gim ist eine knusprige Knabberei, die in Korea wegen ihres nussähnlichen, rauchig-salzigen Geschmacks zu Getränken gereicht wird, zu denen in Europa geröstete Erdnüsse oder Salzstangen beliebt sind.

FRITTIERTE ALGEN
TASIMA TIGIM

4 Portionen
75–90 g Tasima (wird auch unter dem Namen Wakame angeboten)
$^3/_4$ l Erdnuss- ode erhitzbares Pflanzenöl
4 EL Sesamöl
geröstete Sesamkörner, Seite 34
Zucker oder Salz zum Bestreuen

1 Tasima mit einem feuchtem Tuch abwischen – nicht waschen! – und mit einer Schere in zwei Finger breite Streifen schneiden.

2 Währenddessen das Öl in einem Topf oder einer Fritteuse auf etwa 180 °C erhitzen. Das Sesamöl zugießen.

3 Tasima frei schwimmend im Öl frittieren. Wenn es sich verfärbt und erste Blasen zeigt, ist es fertig. Nicht zu lange frittieren, es verbrennt leicht! Auf Küchenkrepp abtropfen lassen – aber noch warm servieren.

Zubereitungszeit etwa 20 Minuten

Dieser knusprige Snack wird zu Getränken gereicht. Je nach Getränk mit Salz oder Zucker leicht bestreuen.

Auch größere Packungen Tasima lohnen sich: es wird in Korea auch gegrillt oder in Eintöpfen und Suppen (siehe Seetang-Suppe *Mi Yeak Guk,* Seite 52) verwendet.

KOREANISCHE SUSHI
GIM BAP 1

4 Portionen
Für den Reis:
4 Tassen Klebreis
4 Tassen Milchreis
1 EL Sesamöl
1 EL geröstete Sesamkörner
Salz

Als Deckblatt:
8 Blätter getrocknete Algen (Nori Blätter, koreanisch Gim, im Asia-Laden erhältlich)

Füllung:
Salatgurke, Möhre
rote Paprikaschote
eingelegter Rettich (aus dem Asia-Laden))
Eierrhomben (siehe Grundrezept Seite 34)
Spinat- oder Mangoldblätter

Zum Formen:
Matte aus feinen Bambusstäben

1 Reis solange spülen, bis das Wassers klar ist, danach gut abtropfen lassen. Den Reis in einen Topf geben, mit kochendem Wasser auffüllen (ca. 12 Tassen), zunächst kräftig aufkochen, danach bei geschlossenem Deckel mindestens 20 Minuten bei niedriger Hitze ziehen lassen, bis das gesamte Wasser aufgesogen ist.

2 Gurke, Möhre, Paprika, eingelegten Rettich und Eierrhomben so schneiden, dass sie hintereinander gelegt einen bleistiftdicken Strang bilden.
Diese Stücke in Essig-Soja-Sauce oder Süßsauer-scharfer-Sauce marinieren und beiseite stellen.

bitte umblättern

Den gekochten Reis mit Sesamöl und gerösteten Sesamkörnern sowie Salz vermischen.

3 Den vorbereiteten Reis mit angefeuchteten Händen etwa einen halben Zentimeter dick auf den Algenblättern flächig verteilen.
Die geschnittenen Gurken, Möhren, Eierrhomben allein oder kombiniert an ein Ende der Reisfläche legen und diese durch Anheben der Matte oder eines dicken Küchenhandtuchs aufrollen.

4 Die Rollen werden in etwa 4 cm lange Stücke aufgeteilt und nach Farben der Füllung auf einem Teller arrangiert.

Zusammen mit Sojasauce servieren, der ein Teelöffel gerösteter Sesamkörner (siehe Grundrezept Seite 34) beigegeben werden kann.
Kann einen Tag im Voraus vorbereitet werden.

Zubereitungszeit 60 Minuten

EIER-MAKISUSHI
GEA RAN ZI DAN GIM BAP

4 Portionen

1 Sehr dünne Eierpfannkuchen nach Grundrezept Seite 34 für Eierrhomben vorbereiten und statt der Algenblätter auf die Sushimatte legen. Danach wie im Rezept für koreanische Sushi weiter verfahren.

Die Kombination beider Sushis ergibt durch die rötlich schimmernde schwarzgrüne Farbe des Purpurtangs (Nori) und der gelben Farbe der Eierhülle ein farblich interessantes Bild auf dem Teller.
Wer noch mehr Farbe wünscht, kann durch zusätzliche Verwendung von Spinat-, Mangold- und Salatblättern viele Abstufungen von Grün erreichen.

Zubereitungszeit 40 Minuten

Frühlingsrolle – koreanische Variation
Lumpia Hanguk

4 Portionen
200 g Tofu oder eingeweichte Sojakost*
1/4 Weißkohlkopf
1 fingerlanges Stück Lauch
1 Möhre
1 mittelgroße Zwiebel
2 Knoblauchzehen
1 Ei
Salz, Pfeffer
Pflanzenöl zum Braten
Sesamkörner, Seite 34
Fertigteig für Frühlingsrollen aus der Tiefkühltruhe

1 Den Tofu 10 Minuten abtrocknen lassen, danach klein hacken. Weißkohl in Streifen schneiden, waschen, abtropfen und dünsten.
Übriges Gemüse klein schneiden und scharf in Öl anbraten, Knoblauch fein hacken.

2 Alle Zutaten mischen und mit Salz und Pfeffer und Sesamkörnern abschmecken. Die einzelnen Blätter des Frühlingsrollenteigs (im Asia-Laden kaufen, selbst herstellen ist recht aufwendig) auf einer Arbeitsfläche ausbreiten und zunächst die Seiten mit der Länge nach darauf gehäufelten Füllung umklappen, deren Oberseite mit dem verquirlten Ei bestreichen. Danach alles zusammenrollen und die Teigrollen mit dem übrigen Ei verschließen.
In einer Pfanne von allen Seiten goldgelb braten.

Zubereitungszeit etwa 45 Minuten

* »Sojakost«– im Naturkostladen oder Reformhaus erhältlich

Vorspeisenteller
Ku zöl pan

4 Portionen
Pfannküchlein:
2 Eier
$^1/_2$ TL Salz
2 Tassen Wasser oder Mineralwasser
2 Tassen Mehl
Pflanzenöl

1 Eier mit Salz und Wasser verquirlen. Langsam und sehr behutsam das Mehl darüber streuen, sorgfältig einrühren und die Masse durch ein Sieb drücken, damit keine Klumpen zurückbleiben.

2 Öl in der Pfanne erhitzen und sehr dünne, gleichmäßige Pfannküchlein herstellen. Die einzelnen Küchlein sollten etwa die Größe der Handinnenfläche (10 Zentimeter Durchmesser) haben und dürfen nicht braun werden.
Die Masse reicht für etwa 35 dünne Küchlein.

Die Pfannküchlein sind eine Art Löffelersatz.
Die Vorspeisen werden darin eingerollt und aus der Hand gegessen.

Möhrenbeilage

150 g Möhren
3 Stängel Frühlingszwiebel, in feine Streifen geschnitten
1 TL Sesamöl, 1 Prise Salz

1 Die Möhren in streichholzfeine Streifen schneiden oder raspeln und mit Frühlingszwiebel im Sesamöl kurz andünsten und mit etwas Salz abschmecken.

Bambusbeilage (nach Belieben)

200 g Bambusschösslinge (aus Dose oder Glas)
1 TL Sesamöl
3 Stängel Frühlingszwiebel, in feinste Ringe geschnitten
1 Prise Salz
$^1/_2$ TL frischer Ingwer, feinst zerkleinert

1 Bambus in streichholzfeine Streifen schneiden und wie Karotten im Rezept zuvor zubereiten.

Gurkenbeilage

1 junge Gurke
$^1/_2$ TL Salz, 1 EL Sesamöl
2 Stängel Frühlingszwiebel, in dünne Ringe geschnitten (oder fein gehackte Zwiebel)
$^1/_2$ TL Sesamkörner
1 TL helle Sojasauce

1 Junge Gurke waschen, schräg in ovale, dünne Scheiben schneiden (alternativ: Gurkenhobel verwenden). Die Gurkenscheiben mit dem Salz vermischen und stehen lassen, bis die Scheiben weich werden.

2 Danach die Feuchtigkeit, die sich an den Gurkenscheiben angesammelt hat, in ein Küchentuch drücken. Die so vorbereiteten Gurkenscheiben mit den Zwiebeln bei starker Hitze im Sesamöl so lange unter Umrühren braten, bis die austretende Flüssigkeit verdampft ist.

3 Danach mit Sesamkörnern bestreuen und rasch abkühlen lassen.
Eventuell nachwürzen.

PILZBEILAGE

150 g frische Pilze (z.B. Steinchampignons)
1 TL Zwiebel, fein gehackt
1 TL Sesamöl
$^1/_2$ TL Knoblauch, feinst zerkleinert
$^1/_2$ TL Salz oder $1^1/_2$ TL dunkle Sojasauce
1 Prise Chilipulver oder Pfeffer

1 Pilze in Scheiben schneiden und mit Zwiebel in Sesamöl bei starker Hitze braten, bis die sich bildende Flüssigkeit verdampft ist. Danach die Hitzezufuhr abschalten, Knoblauch unterrühren und kurz mitgaren lassen.

2 Mit Salz oder Sojasauce abschmecken, mit Chilipulver oder Pfeffer würzen. Die Pilze haben jetzt eine dunkle Farbe angenommen. Abkühlen lassen.
Mit scharfer Essig-Senf-Sauce (Seite 33) und Essig-Soja-Sauce (Seite 32) servieren oder einer süßsauer-scharfen Sauce *(Tsho Go Tshu Zang)* – siehe Basisrezept, Seite 32 – in einem Kranz von Schüsselchen um die Pfannküchlein herum mit verschiedenen *Kim Chis* (siehe entsprechende Rezepte) servieren.

Zubereitungszeit etwa 3 Stunden, je nach Kombination und Menge

ZWIEBEL-EIERKÜCHLEIN
YANG PA BU-TSCHIM

4 Portionen
5 Eier
3 große Zwiebeln
Salz, Pfeffer
Pflanzenöl zum Braten
alternativ Mischung aus Pflanzen- und Sesamöl

ggf. etwas Mehl für die Zwiebeln (Alternative)
Nach Geschmack:
2 Messerspitzen Chilipulver

1 Zwiebeln fein hacken, Eier verquirlen, beides mischen.

2 Salzen und etwas Pfeffer zugeben. Wenn die Küchlein etwas schärfer gewünscht werden, Chilipulver unterrühren.
In heißem Öl handtellergroße Küchlein ausbacken.

Alternativ: Einige der äußeren großen leicht gemehlten Zwiebelringe – 4 bis 5 Millimeter stark – beiseite legen. Nachdem die übrige Eizwiebelmischung fertig ist, die Ringe kurz in der Pfanne vorbraten und dann mit der Eizwiebelmischung auffüllen und zusammen ausbraten.

Diese Küchlein werden in Korea selten allein gegessen – obwohl sie auch zu einem sehr schnellen Snack taugen, sondern gemeinsam mit anderen kleinen Pfannkuchen. Sie sollen vor allem eine weitere Farbe auf den Tisch zu bringen.

Zubereitungszeit etwa 15 Minuten

Sojabohnen-Pfannküchlein
Kong Na Mull Chŏn

4 Portionen
400 g gelbe Sojabohnen, geschält
3 EL Reis
1 Stange Lauch, gehackt
100 g frische Sojabohnensprossen
50 g Sojakost nach Hackfleischart (fleischloses Fertigprodukt) in 1 Tasse Hefe- oder Gemüsebrühe, 10 Minuten eingeweicht
Nach Geschmack:
2–4 Knoblauchzehen, gehackt
2 EL Reismehl
$^1/_4$ TL Pfeffer
1 Prise Salz
1 TL Sesamkörner, geröstet (siehe Seite 34)
1 EL Pflanzenöl oder Sesamöl
Alternativ: 2 Chilischoten, entkernt, gehackt oder 100 g weiße Champignons

1 Die geschälten Sojabohnen gut waschen und säubern und mit dem rohen Reis mindestens vier Stunden in Wasser einweichen.

2 Lauch und Sojabohnensprossen blanchieren. Die Sojakost mit den fein gehackten Sojabohnensprossen und dem gehackten Lauch vermischen. Die Bohnen samt dem Reis mit wenig Wasser kurz aufkochen und danach mit der Sojakost-Lauch-Sprossen-Mischung, dem Knoblauch, dem Reismehl und den Gewürzen zu einem Teig vermengen. Alternativ können auch Chilischoten oder grob gehackte Champignons in den Teig eingearbeitet werden.

3 Die Teig-Gemüsemasse zu handtellergroßen, fingerdicken Küchlein formen und in Pflanzenöl oder Sesamöl braten.

Dazu werden ein Sojasaucenmix oder Essig-Sojasauce oder scharfe Essigsauce (Rezepte Seite 32, 33) gereicht.

Zubereitungszeit etwa 40 Minuten

Mungobohnen-Pfannküchlein
Bin Dae Ddŏk

4 Portionen
1 Tasse Mungobohnen, geschält
$^1/_3$ Tasse roher Milchreis
1 Zwiebel
2 cm Ingwerwurzel, geschält
1 Stange Lauch
100 g Chinakohl
1–2 Knoblauchzehen, sehr fein gehackt
Salz, Pfeffer
Pflanzenöl zum Braten

1 Mungobohnen und Reis in Wasser 2 bis 3 Stunden einweichen, dann im Mixer zerkleinern und wie einen Teig kneten, fein gehackte Zwiebel, Ingwer und Lauch einkneten, klein geschnittenen Chinakohl und feinst zerkleinerten Knoblauch einarbeiten, die Masse mit Salz und Pfeffer abschmecken.

2 Eine Pfanne mit dem Öl kräftig erhitzen und die Teigmasse portionsweise mit einem Esslöffel hineinheben, etwas flach drücken und von beiden Seiten so lange braten, bis die Pfannküchlein eine goldgelbe Farbe annehmen.
Warm servieren.

Zubereitungszeit etwa 60 Minuten
Mungobohnen-Reis-Mehl (*Bin Dae Ddŏk*-Mehl) wird in Asia-Läden auch fertig angeboten.

BUNTE GEFÜLLTE PAPRIKARINGE
GO-TSHU CHŎN (1)

6–8 Portionen
3 rote Paprikaschoten
3 grüne Paprikaschoten
400 g Tofu – alternativ:
200 g gekörnte Sojakost*
6 Zwiebeln
2 Knoblauchzehen
1 nussgroßes Stück Ingwer
Salz, Pfeffer
1 TL Sesamöl
2 EL Mehl
2–3 Eier
4–5 EL Pflanzenöl

1 Paprikaschoten waschen, säubern, vom Kernhaus befreien und in 1 bis $1\,{}^{1}/_{2}$ cm dicke Ringe schneiden. Tofu fein hacken (oder Vegetarierhackfleisch aus Soja kurz einweichen) und mit der fein gehackten Zwiebel, den durch die Knoblauchpresse gedrückten Knoblauchzehen, dem feinst gehackten Ingwer und je einer Prise Salz und Pfeffer samt dem Sesamöl vermengen und danach die Ringe mit dieser Masse füllen – gegebenenfalls mit etwas Mehl andicken.

2 Die gefüllten Ringe zunächst im Mehl, danach im verquirlten Ei wenden und in einer tiefen Pfanne von beiden Seiten im heißen Pflanzenöl braten, bis sie goldgelb sind.

Zubereitungszeit etwa 30 Minuten

* »Sojakost« – im Naturkostladen oder Reformhaus erhältlich

PFANNENGEBACKENE GRÜNE PAPRIKA
GO-TSHU CHŎN (2)

4 Portionen
16 kleine Paprikaschoten (länglich, gibt es beim Türken oder Griechen)
– alternativ 4 große grüne Gemüsepaprika, wie sie überall erhältlich sind
4 EL Mehl
2 Eier
Salz und Pfeffer
3–4 EL Pflanzenöl, mit 1 EL Sesamöl vermischt
2 Stängel Frühlingszwiebeln
1 EL Sesamkörner, Seite 34
Essig-Sojasauce, Seite 32

1 Die Paprikaschoten (die milde Sorte) von einer Seite her aufschneiden, Stängel und Kerne entfernen, auffalten und die Schote sanft mit der Hand flach schlagen. (Alternativ Gemüsepaprika in zweifingerbreite Streifen schneiden.)

2 Die Schalenseite der Paprikas mit 1 EL Mehl bestäuben. Das übrige Mehl, die Eier mit je einer Prise Pfeffer und Salz zu einer dicken Paste verrühren und die Paprika mit der bestäubten Seite darin mehrfach unter erneutem Bestäuben wälzen. Die Paprika mit der Eischicht nach unten in einer mit der Mischung von Sesam- und Pflanzenöl dünn ausgeschwenkten beschichteten Pfanne braten. Zur Dekoration mit in Ringe oder dünne Streifen geschnittener Frühlingszwiebel und Sesamkörnern bestreuen.
Mit Essig-Sojasauce servieren.

Zubereitungszeit etwa 25 Minuten

SUPPEN & EINTÖPFE

Suppen werden in Korea bereits zum Frühstück gegessen – obwohl dieser Brauch zugunsten einer schnellen Schnitte Brot aus der Hand vielerorts verschwindet. Suppen, mit einer Schale Reis oder Nudeln serviert, sind ein leichtes Mittag- oder Abendessen.

Tassensuppe – Koreanischer Eierstich
Dal Gal Tang

4 Portionen
3 Zehen Knoblauch
1 Stängel Frühlingszwiebel
1 Chilischote, rot
3 Eier
1 EL Sesamöl
3 Tassen Wasser
1 TL Sojasauce
1 TL Petersilie

1 Knoblauch, Frühlingszwiebeln und Chilischote sehr fein hacken. Eier in einer Schüssel aufschlagen und alles mit Wasser, Sesamöl und Sojasauce vermischen. Auf vier Tassen verteilen.

2 Die Tassen (mit dickem Boden) in einen großen Topf mit heißem Wasser stellen. Auf kleiner Flamme weiter köcheln, bis das Ei gestockt hat. In den Tassen auf bereit gestellten Untertassen servieren. Etwas gehackte Petersilie zur Dekoration darüber streuen.

Zubereitungszeit 10 Minuten

Seetang-Suppe
Mi Yúk Guk

4 Portionen
50 g Seetang/Algen (Wakame), getrocknet*
1 EL Sesamöl
1 TL Salz
1–2 EL helle Sojasauce
800 ml – 1 l Wasser
1 TL Pfeffer (nach Geschmack)
gekochter Reis

1 Seetang etwa eine halbe Stunde in warmem Wasser ziehen lassen. Die Stücke drei- bis viermal durchschneiden und in einem Topf mit dem erhitzten Sesamöl kurz andünsten.

2 Danach Salz und Sojasauce hinzugeben, Topf schließen und nach ca. 1 Minute mit dem Wasser auffüllen und alles zum Kochen bringen.
Nach dem ersten Aufkochen die Hitze reduzieren und 30 Minuten auf niedriger Stufe weiter köcheln lassen.
Zuletzt mit Pfeffer kräftig abschmecken.
Die Suppe zusammen mit gekochtem Reis heiß servieren.

Zubereitungszeit etwa 30 Minuten

* Frische Meeresalgen wie Nori, Wakame oder Dulse sind bei gut sortierten Fischhändlern und in Asia-Shops erhältlich .

Maultaschensuppe von der Südküste
Man Du Kuk

4 Portionen
70 g gekörnte Sojakost (Vegetarierhackfleisch)
$1\ ^{1}/_{2}$ Tassen Hefe- oder Gemüsebrühe
Nach Geschmack:
Tofu (vom Block)
1 mittlere Zwiebel
1 mittlere Möhre
evtl. Gemüseabschnitte
1 Ei
1 EL Sesamöl
Pfeffer und Salz zum Abschmecken
1 Packung Man Du-Teig*
1 l Gemüsebrühe (siehe Seite 35)
1 EL gehackte Petersilie

1 Sojafertigprodukt 10 Minuten in $1^{1}/_{2}$ Tassen Hefe- oder Gemüsebrühe quellen lassen; nach Geschmack teilweise durch fein gehackten Tofu ersetzen. Zwiebel, Möhre und vorhandene Gemüsereste putzen, fein hacken, in eine Schüssel geben und mit der gequollenen Sojakost, Ei, Sesamöl, Pfeffer und Salz durchkneten und zu kleinen Kügelchen formen.

2 Die teelöffelgroßen Kügelchen auf die Teigstücke des Man Du-Teigs legen, diese zusammenfalten und die Ränder mit warmem Wasser anfeuchten und zukleben. Die so entstandenen Maultaschen in der siedenden Gemüsebrühe 5 Minuten mitkochen lassen.

Vor dem Servieren in Schälchen oder Suppentassen mit etwas gehackter Petersilie garnieren.

Zubereitungszeit etwa 60 Minuten

Kohlrabisuppe
Mu Guk

4 Portionen
1 zarte Kohlrabiknolle
1 mittlere Zwiebel
1 Stange Lauch
3 Knoblauchzehen
1 l Wasser
3 TL gekörnte Gemüsebrühe
1 TL Sesamöl
Salz
1 EL Schnittlauch

1 Kohlrabi schälen, in dünne Scheiben und anschließend in Quadrate schneiden, Zwiebel mittelfein würfeln, Lauch reinigen, halbieren und in Streifen schneiden. Knoblauch durch die Presse drücken oder feinst hacken.

2 Wasser mit gekörnter Gemüsebrühe zum Kochen bringen; währenddessen das Gemüse mit Sesamöl anschwitzen und zuletzt den Knoblauch zugeben und anschmoren. Alles in das kochende Wasser geben. Mit Salz (Vorsicht: bereits die Gemüsebrühe ist gesalzen) abschmecken.
Vor dem Servieren Schnittlauch in die Suppentassen geben.

Zubereitungszeit etwa 30 Minuten

---

*Fertigprodukt aus dem Asia-Laden, selbst machen ist zu kompliziert und lohnt sich nicht.

Kräftige Gemüsesuppe mit Sojastreifen
Ya Tshe Guk

6 Portionen
1 $^{1}/_{2}$ l Gemüsebrühe nach Basisrezept Seite 34
200 g Soja-Steaklis*
$^{1}/_{2}$ TL helle Sojasauce
2 EL Sesamöl

Nach Geschmack:
1–2 Zehen Knoblauch, in feine Scheiben geschnitten
4 Stängel Frühlingszwiebeln, längs in Streifen geschnitten
1 Messerspitze Chilipulver
$^{1}/_{2}$ EL Sesamkörner, Seite 34

Nach Belieben:
100 g Soja- oder Mungobohnensprossen
1 Stängel Frühlingszwiebeln oder entsprechende Menge Schnittlauch, fein gehackt

1 Gemüsebrühe aufkochen, Soja-Steaklis darin ca. 45–60 Minuten köcheln, herausnehmen, abtropfen lassen und danach in Scheiben schneiden, in Sojasauce wenden und kurz in Sesamöl von allen Seiten anbraten.

2 Knoblauchscheibchen in die Brühe hineingeben und mitköcheln lassen. Kurz vor dem Servieren die Zwiebelstreifen, Chilipulver und Sesamkörner in die Brühe geben. Die Bohnensprossen zugeben, sie sollen noch Biss behalten.

4 Die angebratenen Soja-Steaklis nun in Suppenschälchen geben und mit der heißen Brühe übergießen. Darüber gehackte Frühlingszwiebeln oder Schnittlauch als Dekoration streuen.

Zubereitungszeit 25 Minuten – ohne die Vorbereitung der Soja-Steaklis

Falls gekörnte Brühe statt Gemüsebrühe verwendet wird, Zwiebelringe einer halben Zwiebel, Paprikastreifen und sonstige gerade verfügbare frische Gemüse klein schneiden und mitköcheln.

* texturierte Soja-Stücke (Fertigprodukt)

Tofusuppe
Du Bu Dean Zang Guk

4 Portionen
400 g Tofu
1 große Zwiebel
5 Knoblauchzehen
1 l Wasser
2 EL Bohnenpaste (Seite 33) oder Misopaste
1 Ei
1 EL Lauch, feinst gehackt
Salz und Pfeffer

1 Tofu trocken tupfen und würfeln, Zwiebel klein würfeln, Knoblauch durch die Knoblauchpresse drücken, Wasser zum Kochen bringen.

2 Bohnenpaste oder Misopaste mit etwas kochendem Wasser anrühren und in das siedende Wasser geben.

3 Vorbereitete Zwiebel und gewürfelten Tofu ins Wasser geben und etwa 15 Minuten lang kochen. Ei verquirlen und in die Suppe einrühren. Die Suppe mit Knoblauch, feinst gehacktem Lauch, Salz und Pfeffer abschmecken.

Zubereitungszeit etwa 20 Minuten

KÜRBISEINTOPF
HO BAK ZUK

4–6 Portionen
1 kg Kürbisfleisch und 2 Tassen Wasser
jeweils 100 g getrocknete rote und weiße Bohnen, 30 Minuten vorgekocht
400 g Klebreispulver
300 ml Wasser
Nach Geschmack:
Zucker und Salz

1 Kürbisfleisch in Stücke schneiden. Mit 2 Tassen Wasser in einem Topf bei Mittelhitze schmoren, bis die Kürbisstücke gar sind, dann die Stücke mit dem Pürierstab zerkleinern.

2 Die vorgekochten roten und weißen Bohnen zum Kürbispüree geben und langsam erwärmen.

3 Reispulver mit Wasser vermischen, einen Teig kneten. Aus der Masse kleine Kugeln formen. Kurz ruhen lassen und nach und nach unter Rühren in den Kürbistopf geben, damit nichts anbrennt.

4 Steigen die Reiskugeln nach oben, ist der Kürbiseintopf fertig. Den Eintopf nicht zu dick werden lassen, evtl. mit Wasser verdünnen.
Mit Zucker und Salz abschmecken.

Zubereitungszeit 45 Minuten

TOFUSUPPE MIT GEMÜSE
DU BU GUK

4 Portionen
1 l Wasser
2 TL Bohnenpaste (Seite 33) oder Misopaste
Alternative:
Hefe- oder Gemüsebrühe
etwa 400 g Tofu, gewürfelt
1 rote Paprikaschote, in Streifen geschnitten
1 Gemüsezwiebel oder $1^1/_2$ mittlere Zwiebeln, in Streifen geschnitten
2 große Möhren
250 g frische Champignons
3 Knoblauchzehen
1 Ei
1 TL gehackte Petersilie

1 Wasser erhitzen, bis es sprudelnd siedet, Bohnenpaste oder Miso darin aufkochen, Tofu und Gemüse hineingeben und nach kurzer Garzeit die halbierten oder je nach Größe geviertelten Champignons zugeben – alles kurz ziehen lassen.

2 Den gepressten Knoblauch einrühren, noch einmal kurz aufwallen lassen und zum Schluss das geschlagene Ei unterrühren.
Nicht mehr kochen lassen. Vor dem Servieren mit etwas gehackter Petersilie bestreuen.

Zubereitungszeit etwa 20 Minuten

Spinatsuppe
Si Kum Tshi Guk

4 Portionen
200 g Spinat
800 ml Wasser
1 EL Misopaste
1 Zwiebel, fein gehackt
1 Knoblauchzehe, durchgepresst
Salz, Pfeffer
1 EL gehackter Schnittlauch
gekochter Reis

1 Spinat waschen, putzen, zerkleinern und beiseite stellen.

2 Wasser erhitzen, die Misopaste darin auflösen. Zwiebel und Knoblauch hineingeben und die Suppe zum Kochen bringen. Den Spinat einlegen, mit Salz, Pfeffer würzen und alles 5 Minuten kochen lassen.
Mit Schnittlauch garnieren.

Zusammen mit gekochtem Reis als kleine Abendmahlzeit geeignet.

Zubereitungszeit 20 Minuten

Chinakohl-Suppe (scharf)
Be Tshu Guk

4 Portionen
300 g Chinakohl
1 Bund Frühlingszwiebeln
1 EL Sesamöl
1 EL Misopaste
800 ml Wasser
Nach Geschmack:
$^{1}/_{2}$ EL oder mehr Chilipaste **(s. Seite 32)**
2–3 Knoblauchzehen, klein gehackt
Salz und Pfeffer
gekochter Reis

1 Den Chinakohl und die Zwiebeln putzen bzw. schälen und in kleine Stücke schneiden.

2 In einem Topf Sesamöl erhitzen und Chinakohl und Zwiebeln hinzugeben; kurz dünsten. Die Misopaste und das Wasser zufügen. Das Ganze zum Kochen bringen und 5 Minuten kochen lassen. Anschließend die übrigen Zutaten dazugeben und nochmals 5 Minuten kochen.

Jeweils mit einer Portion Reis servieren.

Zubereitungszeit 20 Minuten

REIS-SOJABOHNEN-EINTOPF
NOK DU ZUK

4 Portionen
200 g Reis
1 l Wasser
300 g geschälte gelbe Sojabohnen
Salz

1 Reis waschen, ca. zwei Stunden einweichen.

2 Wasser in einen Topf gießen und geschälte Sojabohnen darin zum Kochen bringen, hin und wieder umrühren. Nach etwa einer halben Stunde Garzeit den Reis hinzugeben und bei reduzierter Hitze eine halbe Sunde weiterkochen lassen. Darauf achten, dass sich nichts am Topfboden festsetzt und anbrennt. Mit wenig Salz abschmecken.

Kann warm oder kalt serviert werden.

Zubereitungszeit 1 Stunde ohne Einweichzeit

Dieses Rezept lässt sich variieren: statt der Sojabohnen 150 g gemahlene Walnüsse (Baumnüsse) verwenden.

SALATE

Salate jeder Art sind ein fester Bestandteil der Koreanischen Nudel-Tafel sowie der Koreanischen Reisschüssel. Phantasievoll zusammengestellt und farblich aufeinander abgestimmt, bereichern sie jede Mahlzeit.

SOJA-/MUNGOBOHNEN-KEIME-SALAT
KONG NAMULL

4–6 Portionen
Zutaten
500 g frische Soja- oder Mungobohnenkeime
1 EL Schnittlauch, in feine Röllchen geschnitten, alternativ Petersilie
1 EL Sesamöl
Salz, Pfeffer
1 TL Sesamkörner

1 Frische Keimlinge waschen und 8 bis 10 Minuten blanchieren.

2 Schnittlauch mit Sesamöl, Salz und Pfeffer mischen. Über die abgekühlten Keimlinge gießen, mit Sesamkörnern garnieren.

Zubereitungszeit etwa 15 Minuten

SALAT AUS SOJABOHNENKEIMLINGEN
SUK ZU NAMULL

4–6 Portionen
500 g frische Sojabohnenkeimlinge
1 Stange Lauch
1 Zitrone, Saft (alternativ Essig)
etwas Salz und Pfeffer
1 TL fein gehackte Petersilie
geröstete Sesamkörner, Seite 34

1 Keimlinge waschen und etwa 3 Minuten lang blanchieren, abtropfen lassen. Lauch schneiden, fein hacken und mit dem Saft der Zitrone vermischen (kann durch Essig ersetzt werden).

2 Salz und Pfeffer mit den Keimlingen gut vermischen. Den Salat mit Petersilie und Sesamkörnern garnieren.

Zubereitungszeit etwa 10 Minuten

FRISCHE, GESÄUERTE, SCHARFE GURKEN
OYI SENG TSHE (1)

4 Portionen
1 Schlangengurke oder 2 zarte, junge Gurken
1 TL Salz
1 EL Essig – nach Geschmack mehr
1 EL Chilipulver oder -paste, Seite 32
1 Chilischote (oder scharfer Spitzpaprika), in feine Ringe geschnitten, Kerne entfernt
1 EL dünnflüssige, helle Sojasauce
1 TL Sesamkörner, Seite 34

1 Die Gurke schälen, in Scheiben schneiden, die Kerne mit einem Teelöffel herauslösen.
Zarte Gurken müssen nicht geschält werden.

2 Gurkenscheiben salzen und mindestens 15 Minuten stehen lassen, bis sich Salz-Gurkensaft gebildet hat. Dann den Saft absieben. Diesen Saft mit den restlichen Zutaten zu einer scharfen Sauce vermischen und über die Gurkenscheiben gießen.

Zubereitung 10 Minuten und mindestens 15 Minuten Ruhezeit

FRISCHE, SCHARFE SESAMÖL-GURKEN
OYI SENG TSHE (2)

4–6 Portionen
2 kleine Salatgurken oder 1 Schlangengurke
2 rote frische Chilischoten, fein gehackt
1 EL Schnittlauch, gehackt
2 TL Sesamöl
1 TL Sesamkörner, Seite 34
2 Knoblauchzehen
1 TL helle Sojasauce
Salz und Pfeffer

1 Gurken schälen und halbieren. Bei älteren Gurken die Kerne mit einem Teelöffel auskratzen – bei Junggurken ist dies nicht nötig –, Gurken in dünne Scheiben schneiden. Mit Küchenkrepp den Gurkensaft abtupfen, der sich auf den Scheiben absetzt. Gurkenscheiben in eine Schüssel geben. Danach die fein gehackten Chilischoten und alle anderen Zutaten unterziehen.
Mit Salz und Pfeffer abschmecken.

Zubereitungszeit 15 Minuten

GURKEN-SENF-SALAT
OYI KEA ZA TSHE

6 Portionen
2 junge Salatgurken
2 Birnen
5 geröstete Esskastanien, geschält
1 Möhre, geschrappt
$^2/_3$ Kopf Eisbergsalat
2 Eier
3 EL Essig
2 TL Zucker
2 TL scharfer Senf
1 TL Salz (nach Geschmack weniger)

1 Junge Gurken in 4–5 cm lange Streifen schneiden. Birnen schälen und ebenfalls in Streifen schneiden, die Kastanien würfeln. Karotte in sehr kleine Stäbchen (Streichholzlänge) schneiden. Eisbergsalat säubern, waschen und das Wasser abschütteln; Salat in längliche Streifen schneiden.

2 Eier in einer Schüssel schaumig schlagen und in einer beschichteten Pfanne wie ein Omelett mit sehr wenig Fett von beiden Seiten braten. Das Omelett anschließend in Streifen schneiden und in einer Schüssel mit dem Gemüse und den Gewürzen vermengen. Frisch als Salat servieren.

Zubereitungszeit etwa 25 Minuten

MANGOLD-SALAT
NAMULL

4 Portionen
500 g Mangold
1 Knoblauchzehe
1 EL Sesamöl, 3 EL Sojasauce
2 EL geröstete Sesamkörner, Seite 34
Salz und Pfeffer

1 Mangold mehrfach waschen, mundgerecht zerkleinern, dann etwa 2 Minuten in kochend heißem Wasser blanchieren und danach in einer Salatschleuder oder in Küchentüchern gut trockenschleudern oder trockentupfen.

2 Sesamöl mit Sojasauce verrühren und die Marinade unter die Mangoldblätter mischen. Sesamkörner darüber geben. Mit etwas Salz und Pfeffer abschmecken.

Zubereitungszeit etwa 15 Minuten

SEHR SCHARFER RETTICHSALAT
MU-U SENG TSHE

3–4 Portionen
1 mittlerer weißer Rettich
2 Zitronen, Saft
1 gestrichener TL Petersilie, fein gehackt
2–3 geschälte Knoblauchzehen
½ TL Salz
2 TL Zucker
1 EL Chilipaste, Seite 32, ersatzweise Sambal Oelek oder Chilipulver
Pfeffer nach Geschmack
1 TL Sesamkörner, Seite 34

1 Rettich waschen, schälen und in dünne Scheiben schneiden. Die Scheiben in dünne (2 mm breite) Streifen zerteilen. Zitronensaft, Petersilie und die durchgepressten Knoblauchzehen untermischen.

2 Salz, Chilipaste oder Sambal Oelek, Zucker und Pfeffer sowie Sesamkörner zufügen.

Vorsicht, sehr scharf! Wird in Korea zu vielen Gerichten und alkoholischen Getränken serviert!

Zubereitungszeit 10 Minuten

SEE- UND LANDSALAT
MU-U MIYÚK TSHE

4 Portionen
50 g getrockenete Algen, Seite 25
Zutaten wie zu Mu-U Seng Tshe, Rezept siehe oben

Dies ist die um Algen erweiterte Variation des Mu-U Seng Tshe (sehr scharfer Rettichsalat, S. 61).

1 Die Algen etwa 10 Minuten in warmem Wasser einweichen und danach waschen. Wasser abtropfen lassen und die Algen in etwa 1 cm breite und 7 cm lange Streifen schneiden. Mu-U Seng Tshe zubereiten und Algen untermischen.

Mit gekochtem Reis wird eine kleine Zwischenmahlzeit daraus.
Besonders beliebt an den Küsten Koreas.

Zubereitungszeit 20 Minuten

SALAT MIT BLANCHIERTEM SPINAT
SI KEAM TSHI NAMULL (1)

3–4 Portionen
500 g frischer Spinat (kleine Blätter)
1 EL Sesamöl
1 EL Sesamkörner, geröstet (Seite 34)
2 EL dünnflüssige, helle Sojasauce
je eine Prise Salz und Pfeffer

1 Spinat mehrfach waschen und sorgfältig säubern, etwa 1 Minute in sprudelnd kochendem Wasser schwimmend blanchieren (nicht zu viele Spinatblätter auf einmal einfüllen) und danach abkühlen lassen – (nur) wenn es schnell gehen soll, mit kaltem Wasser abschrecken.

2 In einem Sieb gut abtropfen lassen. Evtl. sanft durch Druck mit der Hand das restliche Wasser herausdrücken oder mit Küchenkrepp trockentupfen. Wenn die Blätter nur noch feucht sind, die übrigen Zutaten hinzugeben und gut vermischen.

Zubereitungszeit 20 bis 25 Minuten, je nach Verschmutzung des Spinats

SALAT MIT BLANCHIERTEM SPINAT (SCHARF)
SI KEAM TSHI NAMULL (2)

3–4 Portionen
500 g frischer Spinat
2 EL Essig
1 EL Chilipaste, Seite 32
1 EL Sesamkörner, geröstet, Seite 34
2 EL dünnflüssige, helle Sojasauce
je eine Prise Salz und Pfeffer

Zubereitung wie Si Keam Tshi Namull (1), vorige Seite. Statt Sesamöl Essig und Chilipaste verwenden.

Zubereitungszeit 20 bis 25 Minuten, je nachdem, wie oft der Spinat gewaschen werden muss

FARNKRAUTSALAT – SEHR KOREANISCH!
GO SA RI NAMULL

3 Portionen
200 g getrocknetes Farnkraut, Seite 33
2 TL Sesamöl
1 TL Zucker
2 TL helle Sojasauce
Salz
1 TL Knoblauch, fein gehackt
1 TL Sesamkörner, Seite 34

1 Das getrocknete Farnkraut kochen, bis es weich ist.

2 In fingerlange Stücke schneiden und kurz in einer heißen Pfanne mit Sesamöl anbraten, Zucker, helle Sojasauce und Salz hinzugeben und mit dem Farn verrühren. Zum Schluss Knoblauch unterziehen und die Sesamkörner darüber streuen. Lauwarm oder kalt servieren.

Zubereitungszeit etwa 60 Minuten

CHINAKOHL-SALAT
BE TSHU SARADA

3–4 Portionen
$^{1}/_{4}$ Chinakohl, ca. 200 g
$^{1}/_{2}$ Stange Lauch
1 Möhre
2 EL Essig
Salz und Pfeffer

1 Chinakohl, Lauch und Möhre säubern, bzw. schälen und in Streifen schneiden. Kurz in siedendem Salzwasser blanchieren – mit Essig, Salz und Pfeffer abschmecken.

Zubereitungszeit etwa 10 Minuten

In Korea wird Salat oft ohne Öl – nur mit Essig – angerichtet oder aber es wird auf den Essig oder Zitronensaft verzichtet und stattdessen Sesamöl als geschmacksbestimmende Komponente verwendet.

Broccoli-Salat
Rock Sek Koliflower Namull

8 Portionen
1,5 kg Broccoli
2 Salatgurken oder zarte Freilandgurken
1 EL Salz
$^1/_2$ Stange Lauch (Porree)
1 EL Sesamkörner, geröstet (Seite 34)
$^1/_2$ TL Chilipulver
Nach Geschmack:
2–3 Zehen Knoblauch, etwas Zucker
1 EL Essig

1 Broccoli säubern und von den Stängeln die Haut abziehen. Dann längs der Röschen in Streifen so dick wie eine Stricknadel schneiden. Einige Röschen ganz lassen. Broccoli in kochendem Salzwasser blanchieren, bis er eine intensiv grüne Farbe entwickelt hat, dann unter fließendem kalten Wasser abschrecken.

2 Gurken halbieren, entkernen und in etwa $1^1/_2$ cm dicke Streifen schneiden.

3 Abwechselnd Gurkensscheiben und Broccolistreifen sowie Broccoliröschen in eine Schüssel geben, die einzelnen Lagen jeweils salzen; etwa 30 Minuten stehen lassen.
In der Zwischenzeit den Lauch waschen und in sehr feine Streifen (etwa so breit wie ein Messerrücken) schneiden, zum Salat geben.

4 Sesamkörner in einem Mörser mit dem Salz zerstoßen (ersatzweise in einem Mixer zerkleinern) und danach mit Chilipulver vermischen und an den Salat geben. Vorsichtig mit zwei Gabeln durchheben, damit alles ansehnlich bleibt.

5 Gehackten oder durchgepressten Knoblauch und etwas Zucker untermischen (in Korea wird dieser Salat ausschließlich mit Knoblauch zubereitet). Den Essig erst unmittelbar vor dem Servieren mit der salzigen Flüssigkeit vermischen, die sich in der Schüssel gesammelt hat, und mit dem Salat vermengen.

Zubereitungszeit 20 Minuten (ohne Durchziehzeit)

Geschmorter Rettich
Mu-U Namull

3–4 Portionen
1 mittlerer weißer Rettich
1 EL Sesamöl
$^1/_2$ TL Salz
1 TL dicke Sojasauce
2–3 Knoblauchzehen, fein gehackt
Pfeffer nach Geschmack
1 TL Sesamkörner, geröstet (Seite 34)

1 Rettich waschen, schälen und in Stäbchenform schneiden. Das Sesamöl in einem Topf erhitzen. Rettich, Salz und Sojasauce zugeben und kurz dünsten. Dann den Knoblauch dazugeben. Bei niedriger Hitze schmoren lassen. Zum Schluss Pfeffer und Sesamkörner unterrühren und kräftig durchmischen.

Zubereitungszeit 15 Minuten

즉석우
NAMOO
HONEY TONE
주차장이용안내
주차요금(1구획당)
구 분
1회 주차시 10분당
비 고
500원
STORM

KIM CHI

Kim Chi sollte immer in größeren Mengen zubereitet werden, sonst lohnt sich die Arbeit nicht. In Korea hat jede Familie einen Vorrat an Kim Chi auf der Terrasse stehen (siehe Abbildung Folgeseite).

Kim-Chi Vorrat auf der Terrasse

CHINAKOHL KIM CHI
BE TSHU KIM CHI

2kg Chinakohl
1 großer weißer Rettich
150 g Salz (bei jüngerem Chinakohl etwas weniger)
1 Stange Lauch
100 g Ingwerwurzel, gehackt
5 Knoblauchzehen, gehackt
2 mittlere bis große Zwiebeln, gehackt
1 EL Zucker
2 EL helle Sojasauce
3 EL Chilipulver oder Sambal Oelek
50 g Klebreismehl (ersatzweise Mehl)
$^1/_2$ TL Sesamkörner, geröstet (Seite 34)
$^1/_2$ TL Pfeffer
Frischhaltefolie

1 Chinakohl halbieren, Strunk herausschneiden. Den Kopf quer zum Strunk in 5 bis 6 cm lange Streifen und diese Streifen zu Quadraten zerschneiden, gut waschen.
Rettich schälen, der Länge nach halbieren und in 1 bis 1 $^1/_2$ cm dicke Halbscheiben schneiden. Kohlquadrate und Rettichscheiben schichtweise in eine Schüssel legen – zwischen die einzelnen Kohl- und Rettichlagen Salz verteilen – das Salz muss vollkommen aufgebraucht werden.

2 Nach 3 Stunden einmal umrühren, damit das Unterste nach oben kommt und noch einmal 3 Stunden ruhen lassen (insgesamt 6 Stunden).

3 Gewaschenen Lauch quer in feinste Streifen schneiden, mit gehacktem Ingwer, gehackten Knoblauchzehen und Zwiebeln, Zucker sowie der hellen Sojasauce, Chilipulver oder Sambal Oelek gut zu einer Marinade vermischen.

4 Aus dem Klebreismehl mit etwas Wasser eine sämige Masse kochen und zur Marinadenmischung hinzugeben. Es sollte eine zähflüssige Sauce entstehen. Sesamkörner und Pfeffer unterziehen, alles gut umrühren.

5 Von der Kohl-Rettich-Mischung die Flüssigkeit, die sich am Schüsselboden gesammelt hat, abgießen und dafür die Marinade unterziehen. Dieses halbfertige Kim Chi in ein größeres Gefäß wie ein Schraubglas oder einen Steinguttopf (z. B. einen Rumtopf) füllen, Frischhaltefolie darauflegen, gut andrücken und mit einem Teller abdecken. Den Teller beschweren (etwa mit einem großen Stein). Je nach Temperatur ist das Kim Chi nach 3 bis 5 Tagen (bei normaler Zimmertemperatur) verzehrfertig. Danach sollte das Kim Chi im Kühlschrank oder im Keller aufbewahrt werden. Geruchsempfindliche sollten das Kim Chi dort vergären lassen, wo der Geruch nicht stört.

Zubereitungszeit etwa 60 Minuten (ohne Lagerzeit im Salz)

vorn: Zwiebel-Kohl Kim Chi;
rechts: Chinakohl Kim Chi

Traditionelles Rettich-Kim Chi
Kkak du gi

1 kg große Rettiche
2 EL Salz
2 TL Chilipulver
1 Apfel
2 TL Zucker, 1 EL Wasser
$^{1}/_{2}$ – 1 TL Knoblauch, feinst zerkleinert
$^{1}/_{4}$ TL Ingwer, feinst zerkleinert
2 $^{1}/_{2}$ Stangen Frühlingszwiebel, fein gehackt
1 Stange Frühlingszwiebel
Frischhaltefolie

1 Die geschälten Rettiche in daumendicke Scheiben schneiden und diese Scheiben je nach Größe halbieren, dritteln oder vierteln, sodass Würfel von etwa 2 cm Kantenlänge entstehen.
In einer Schüssel (Email-, Steingut-, Edelstahl-, Plastik-, Glas- oder Porzellanschüssel, die mit einem Teller ausreichend gut verschlossen werden kann) mit dem Salz vermischen und eine Stunde ruhen lassen.
Danach die Flüssigkeit, die sich am Schüsselboden gesammelt hat, abgießen. Die Rettichstücke fühlen sich jetzt schon spürbar weicher als frischer Rettich an.

2 Das Ganze mit dem Chilipulver vermengen und den geriebenen oder fein gehackten Apfel hinzugeben.

3 Den Zucker in einem kleinen Topf leicht bräunen und mit dem Wasser auflösen und zusammen mit Knoblauch, Ingwer und den gehackten Frühlingszwiebeln (alternativ entsprechende Menge Zwiebel) nun unter den vorbereitetem Rettich mischen. Die eine Stange Frühlingszwiebel in mittlere Streifen schneiden und hinzugeben.

4 Die sehr gut vermischten Zutaten mit einem Teller in der Schüssel zusammendrücken und den Teller darauf ruhen lassen – eventuell mit einem zweiten Teller beschweren. Die Schüssel mit Frischhaltefolie verschließen und etwa vier Tage an einem kühlen (nicht zu kalten) Platz stehen lassen – etwa im Keller.

Dieses Kim Chi ist in der Regel nach 4 Tagen bei 15°C »reif«. Das fertige Rettich-Kim Chi wird im Kühlschrank aufbewahrt.
Das traditionelle Rettich-Kim Chi wird in kleinen Schüsselchen als Beilage – wie in Europa saure Gurken – serviert.

Zubereitungszeit etwa 30 Minuten (ohne Lagerzeit im Salz)

Auberginen-Kim Chi
Gazi Kim Chi

10 kleine Auberginen (alternativ 2 große)
1 $^{1}/_{2}$ TL Salz
1 Tasse Wasser

Würzmischung:
1 TL Knoblauch, feinst zerkleinert
$^{1}/_{2}$ TL Ingwer, feinst zerkleinert
3 EL Frühlingszwiebelstange, feinst gehackt
2 $^{1}/_{2}$ TL Chilipulver
eine gute Prise Streuwürze oder gekörnte Gemüsebrühe (falls nicht vorrätig: $^{1}/_{2}$ TL Salz)
1 TL Zucker

Essigmischung:
2 $^{1}/_{2}$ EL milder Essig
$^{1}/_{4}$ Tasse helle Sojasauce
2 $^{1}/_{2}$ EL Zucker

1 Von den Auberginen – vorzugsweise die kleinere Sorte*, alternativ die größeren aus dem Supermarkt – den Stängelansatz abschneiden und die Auberginen in dünne, daumenlange und daumenbreite Streifen schneiden. Danach mit dem Messerrücken (evtl. mit einem Hackmesser) mit leichten Schlägen die Streifen etwas breiter klopfen. Salz im Wasser auflösen und diese Lösung über die vorbereiteten Auberginen gießen. Etwa eine Stunde ziehen lassen – das Gemüse ist jetzt etwas weicher als frische Auberginen. Die Auberginenstreifen in ein Sieb geben, Flüssigkeit abschütten und das Salzwasser langsam abtropfen lassen.

2 Die Auberginen in einer Schüssel (s. Rettich-Kim Chi) mit der Würzmischung vermengen, 30 Minuten ziehen lassen. Die Essigmischung darüber geben und mit einem Teller bündig abdecken – Teller mit weiteren Tellern oder einem Stein beschweren – die Schüssel mit Frischhaltefolie gut verschließen und das Kim Chi über Nacht ziehen lassen.

Wenn das Auberginen-Kim Chi auf Vorrat zubereitet wird, die Essigmischung weglassen und erst beim Servieren nach Geschmack mit Essig oder Zitronensaft nachsäuern.

Zubereitungszeit etwa 60 Minuten
(ohne Lagerzeit)

* Erhältlich im Asia-Laden, in italienischen oder türkischen Lebensmittel-Geschäften.

SCHARFES SCHNELLES CHINAKOHL KIM CHI
BE TSHU SZENG KIM CHI

400 g Chinakohl
3 EL Salz
1 EL Lauch, feinst gehackt
1 EL Knoblauch, feinst gehackt
1 EL Frühlingszwiebel, fein geschnitten
1 $^{1}/_{2}$ TL Ingwer, zerstoßen oder gehackt
1 EL helle Sojasauce
2 EL Chilischoten, fein gehackt oder
1 $^{1}/_{2}$ TL Chilipulver oder Sambal Oelek
2 süßsaure Äpfel, grob geraspelt

Sauce:
1 TL Sesamöl
1 TL Zucker
1 Prise Salz
1 Prise Pfeffer
1 TL Sesamkörner, geröstet (Seite 34)

1 Den gut gesäuberten Chinakohl in etwa 5x5 cm große Stücke teilen. Sorgfältig mit Salz vermischen und ca. 2 Stunden in einer Schüssel ziehen lassen. Dann die entstandene Flüssigkeit abgießen und den Kohl mit dem Lauch, Knoblauch, der Frühlingszwiebel und dem Ingwer vermischen.

2 Sojasauce mit gehackten Chilischoten (oder Chilipulver) sowie mit den Apfelraspel gut vermengen, über die Chinakohlmischung geben und erneut durchmischen.

3 Sesamöl, Zucker, Salz, Pfeffer und Sesamkörner dazugeben, gut durchmischen, frisch servieren.

Zubereitungszeit etwa 35 Minuten
(ohne die Zeit zum Ziehen)

GURKEN KIM CHI
OYI KIM CHI

1 kg frische Gurken (alle Sorten möglich)
4–5 EL Salz
200 g Rettich (»Radi« oder Bierrettich)
1 TL Chilipulver (nach Geschmack weniger)
3 Stangen Frühlingszwiebeln (oder 1 Zwiebel)
2 TL Knoblauch, feinst zerkleinert
(Menge nach Geschmack)
$^1/_2$ TL Ingwer, feinst zerstoßen
1 kleine Tasse Rettichsaft, Seite 33
2 Tassen Wasser
1 TL Zucker

1 Wenn frische, sehr junge Gurken aus dem Garten zur Verfügung stehen, die ganzen Gemüsefrüchte mit drei Esslöffel Salz bestreuen und stehen lassen, bis sie weich sind. Danach gründlich unter fließendem Wasser abspülen.
Die Gurken der Länge nach halbieren. Jede Hälfte der Länge nach mit einem spitzem Messer tief einschneiden und danach in etwa 5 Zentimeter lange Stücke aufteilen.

2 Sollten keine Gartengurken erhältlich sein, dann Gurken schälen (Supermarktgurken sind oft gewachst und lassen dann kein Salz eindringen), halbieren, gegebenenfalls mit einem Teelöffel die Kerne entfernen, salzen und weiter wie mit frischen Gartengurken verfahren.

3 Den geschälten Rettich raspeln und mit dem Chilipulver vermengen.
Die gehackten Frühlingszwiebeln mit dem Knoblauch, dem Ingwer, einem Esslöffel Salz vermischen und zusammen mit dem Chili-Rettich im Einschnitt der Gurkenhälften verteilen.

4 Die Gurken in eine Schüssel (siehe Chinakohl Kim Chi, Seite 70) geben und die Mischung aus Rettichsaft, Wasser, einem halben bis einem Esslöffel Salz und Zucker darüber geben, bis die Gurken bedeckt sind. Mit einem Teller bündig bedecken und den Teller beschweren (eventuell durch weitere Teller oder einen Stein) und die Schüssel mit Frischhaltefolie oder bei Plastikschüsseln mit dem passenden Deckel verschließen.

5 Nach 2 bis 4 Tagen bei Zimmertemperatur ist das Kim Chi reif. (Die Dauer ist abhängig von der Menge.) Gurken-Kim Chi wird zusammen mit anderen Kim Chis serviert. In Korea stellt man dazu die Gurkenhälften senkrecht nebeneinander auf einen Servierteller.

Zubereitungszeit etwa 120 Minuten
und etwa 2–4 Tage Reifezeit

PIKANTES ZWIEBEL-KOHL KIM CHI

BE TSHU YANG PA KIM CHI

5–6 Chilischoten oder 2 EL Chilipaste (Seite 32)
3 Frühlingszwiebelstangen
1 große Zwiebel
1 kg Chinakohl
4 EL Salz
2 Knoblauchzehen
1 Stück Ingwer, ca. 3–4 cm
1/2 EL Zucker
1 kleine Tasse Rettichsaft, Seite 33

1 Chilischoten entkernen, Frühlingszwiebeln in feine Streifen schneiden und Zwiebel in feine Ringe schneiden.

2 Den Chinakohl waschen und in ca. 4 Zentimeter lange und breite Quadrate schneiden, dann mit 3 Esslöffeln Salz gut mischen.
Wenn der Chinakohl weich wird, die Flüssigkeit abgießen und den Rest gut abtropfen lassen.

3 Chilischoten (oder Chilipaste), Knoblauch und Ingwer in einem Mörser zerstampfen. (Alternativ mit einem elektrischen Stabmixer oder in einem kleinen Mixer mit etwas Rettichsaft zerkleinern – der Mörser ist auf jeden Fall vorzuziehen.) Dabei langsam den Rettichsaft zugeben und weiter zerreiben (oder weiter in der Maschine zerkleinern) und dann über die Zwiebelringe und den Chinakohl verteilen. Danach gut mit dem Zucker und dem restlichen Salz vermengen.

4 Alles in eine Schüssel (siehe Chinakohl-Kim Chi) geben und mit einem Teller bündig abdecken und beschweren. Schüssel mit Frischhaltefolie verschließen und Kim Chi 3–4 Tage bei Zimmertemperatur reifen lassen. Danach im Keller oder Kühlschrank aufbewahren.

Zubereitungszeit 40 Minuten
und 3–4 Tage Reifezeit

Reis- und Nudelgerichte

Reis- und Nudelgerichte gibt es in Korea in großer Zahl. Phantasievolle Variationen der Grundrezepte bringen abwechslungsreiche Gerichte auf den Tisch.

BIBIM BAP

Bibim Bap ist ein beliebtes Gericht, das vom östlichen Küstenstreifen Südkoreas stammt. Das Gericht wird an heißen Sommertagen kalt serviert, im Winter dagegen warm. Es ist eine Kombination von verschiedenartigen Speisen mit Reis. Erlaubt ist so gut wie alles, viele koreanische Familien lieben Bibim Bap mit Namull (s. nebenstehendes Rezept) und etwas Kim Chi dazu – egal welche Sorte. Selbst Suppe verträgt sich mit Bibim Bap. Auch wenn inzwischen Korea-Restaurants das Bibim Bap zu einer Spezialität hochstilisieren, ursprünglich entstand das Rezept in der Küche sparsamer Koreanerinnen, die die Essensreste mit etwas Raffinesse aufbrauchen wollten. Insofern ist die Grundidee vergleichbar der italienischen Pizza, bei der auch alles, was übrig geblieben war, mit etwas Öl und Tomaten auf einem Teigrund verteilt wurde. Hier ein Menüvorschlag für feierliches Bibim Bap – auch wenn auf die eine oder andere Zutat verzichtet oder durch eine andere ersetzt wird, es bleibt ein Bibim Bap.

BUNTE REISSCHÜSSEL
BIBIM BAP

Pro Portion
1 Tasse gekochter Reis, warm oder kalt
drei bis vier verschiedene blanchierte Gemüsesalate (Namull, ab Seite 62) – jeweils kleine Portionen
1 Spiegelei

1TL helle Sojasauce
1 TL Sesamöl, 1 TL Sesamkörner (Seite 34)
1 EL Frühlingszwiebel oder Schnittlauch, fein geschnitten

etwas Pfeffer
$^{1}/_{2}$ TL Chilipaste (Seite 32)
1 TL Zucker

1 Den gekochten Reis in die Mitte einer flachen Schüssel geben. Darüber die verschiedenen Gemüsesalate anordnen, obendrauf das Spiegelei anrichten. Aus den übrigen Zutaten eine Marinade fertigen und in eine separate Schüssel füllen, damit sich jeder selber daraus bedienen kann.

Zubereitungszeit richtet sich nach der Menge

Dampfreis
Yack Sik

4–6 Portionen
500 g Klebreis
10 Esskastanien
10 getrocknete Pflaumen
$^{1}/_{2}$ Tasse Pinienkerne, geröstet
$^{1}/_{2}$ Tasse Rosinen
1 Tasse brauner Zucker
3 EL Honig
2 EL Sojasauce
3 EL Sesamöl
Salz

1 Reis waschen und drei Stunden einweichen. Anschließend im Dampftopf garen (ca. 40 Min.).

2 Kastanien schälen und kochen, dann in Viertel schneiden; die getrockneten Pflaumen ebenfalls in Viertel schneiden. Zusammen mit den restlichen Zutaten in den gedämpften Reis geben, gut vermischen, mit Salz abschmecken, weitere 25–30 Minuten dampfgaren.
Das Gericht kann warm oder kalt serviert werden.

Zubereitungszeit ca. 80 Minuten

Koreanischer Festtagsreis
Tsap Ssall Zap Gok Bap

4–6 Portionen
100 g Kidney Bohnen
100 g weiße Riesenbohnen
20 Stück Esskastanien, vakuumiert*
100 g kernlose Rosinen
Salz
300 g Klebreis
100 g Basmatireis
$^{1}/_{3}$ l Wasser

1 Über Nacht die Bohnen zusammen in reichlich Wasser einweichen. Dann abschütten und mit frischem Wasser und etwas Salz gar kochen. Die Bohnen müssen etwas Biss behalten.

2 Geschälte Esskastanien einweichen oder frische Esskastanien vorbereiten.
Parallel dazu den Reis waschen und mit etwas weniger Wasser als nach der Reisregel (siehe Reis, Seite 27) aufsetzen, salzen und dann zusammen mit den Bohnen, Esskastanien und Rosinen gar kochen.

Zubereitungszeit 50 Minuten bis 1 Stunde

---

* Vakuum verpackte Esskastanien sind in Feinkostläden und einigen Supermärkten erhältlich. Sie sind sofort verzehrfertig.

»Mehr als Reste-Reisgerichte«
Nam Ŏn Bap Yo Ri

Frisches Gemüse nach Jahreszeit und Angebot, auch Reste
Lauch, Zwiebel und Knoblauch, Menge nach Geschmack
Pflanzenöl zum Anbraten
Gekochter Reis (Rest oder auf Vorrat gekocht)
Salz, Pfeffer, Sesamsamen (s. Seite 34)

1 Frisches Gemüse waschen, putzen und zerkleinern.

2 Das Gemüse mit fein gehacktem Lauch, Zwiebel und Knoblauch in Öl anschwitzen. Den Reis zugeben, würzen und gut durchmischen.
Zu dieser Mischung kann jedes Gemüse verwendet werden.
Man kann über die Reis-Gemüse-Mischung noch ein verquirltes Ei geben und mit der Masse verrühren.

Der gegarte Reis ist im Kühlschrank, in einem Plastikbehälter mit Deckel 3 Tage haltbar. Gekochter Reis kann problemlos eingefroren werden und ist portionsweise aus dem Behälter entnehmbar.

Rezepte wie diese gibt es in Korea in großer Zahl. Gekochter Reis ist auch heute noch in nahezu jedem Kühlschrank als Grundlage für wohlschmeckende und vor allem schnelle Reste-Essen (Nam Ŏn Yo Ri) zu finden. Dabei darf Alles und Jedes was an Resten von Vorspeisen und Hauptgerichten übrig bleibt, mit dem Reis vermischt gebraten werden. Einige zusätzliche frische Zutaten, wie etwa mittelfein gehackte Zwiebel, in Ringe geschnittener Lauch oder gewürfelte Paprikaschoten, sorgen für den frischen Geschmack, wenn sie nur kurz mitgebraten werden, also noch den berühmten »Biss« haben. Der kann auch durch einige frische Möhrenraspel unterstützt werden. Bei den Reis-Reste-Gerichten ist alles erlaubt.
Gekochter Reis, in eine pikante Suppe eingerührt, macht daraus schnell eine sättigende Mahlzeit oder gar einen Reiseintopf. Koreaner kochen geplant immer eine größere Menge Reis als benötigt. Dadurch haben sie immer »etwas im Haus«, wenn schnell eine Mahlzeit auf den Tisch gezaubert werden muss. Diese Angewohnheit stammt noch aus der Zeit, als Brot im Land nicht oder kaum bekannt und verbreitet war.
Gekochter Reis lässt sich leicht aufdämpfen und schmeckt danach, heiß serviert, fast wie frisch aus dem Reiskocher.

Reispfanne mit Gemüse
Bokŭm Bap

3–4 Portionen
300 g Reis, roh
1 Möhre
1 Zwiebel
1 rote Paprikaschote
1 EL Sesamöl
1 TL Pflanzenöl
1 TL Sesamkörner, geröstet (Seite 34)
Salz und Pfeffer
1 EL Schnittlauch, gehackt (oder andere Kräuter, je nach Geschmack und Angebot)

1 Zuerst den Reis kochen (s. Seite 27).

2 Möhren, Zwiebel und Paprika in kleine Würfel schneiden und in eine mit Sesam- und Pflanzenöl erhitzte Pfanne geben. Das Gemüse kurz anbraten, anschließend den gekochten Reis hinzugeben. Alles gut vermischen, dann mit Sesamkörnern, Salz, Pfeffer und Schnittlauch/ Kräutern würzen.

Zubereitungszeit 20 Minuten (ohne Reiskochen)

Gedämpfter Klebreis mit roten Bohnen
Tshab Ssall Pat Bap

4 Portionen
300 g Klebreis
100 g getrocknete rote Bohnen*
Salz (nach Geschmack)
5 Nelken

1 Reis waschen und ca. 6 Stunden einweichen. Bohnen in ungesalzenem Wasser 30 Minuten vorkochen. Den eingeweichten Reis in ein Sieb geben und das Wasser ganz abtropfen lassen.

2 Salz und Nelken sowie die gegarten Bohnen mit dem Reis vermengen und ca. 1 Stunde dämpfen. Falls kein Dampfkocher zur Verfügung steht, die Masse in ein Küchentuch legen und über dem kochenden Wasser dämpfen. Küchentuch mit Klammern an den Topfgriffen befestigen.

Zubereitungszeit ca. 1 $^{1}/_{2}$ Stunden (ohne Einweichzeit)

---

* Unter der Bezeichnung Red Chori im Asia-Shop oder Adzukibohne im Naturkostladen oder Reformhaus erhältlich.

NUDEL-TAFEL
BIBIM GUK SU

Nudeln sind in Korea als Sommeressen sehr beliebt, wobei nicht nur die in Europa verbreiteten Sorten auf den Tisch kommen. Gern gegessen wird Naeng Myŏn, eine aus Kartoffelmehl hergestellte Nudelart, für die es eigens Spezialitätenrestaurants gibt. Dort werden die frisch gemachten, sehr langen Nudeln kurz gekocht, mit einer Zange aus dem Salzwasser gehoben und mit einer Schere auf die Teller geschnitten.
Diese Nudeln werden bei uns in küchengerechter Länge in Asia-Shops verkauft. Man kann sich aber auch mit Spaghetti oder jeder Art asiatischer Nudeln behelfen. Hierzu können die gleichen Beilagen wie für Bibim Bap (Seite 78) serviert werden. Beliebt sind auch Kombinationen wie die folgenden Rezepte.

NUDELN MIT KIM CHI
KIM CHI BIBIM GUK SU

2–3 Portionen
250 g Nudeln (Naeng Myŏn)
8 gehäufte EL beliebiges Kim Chi (Rezepte ab Seite 70)
2 TL Sesamöl
1 TL Sesamkörner, geröstet (Seite 34)

1 Nudeln kochen, mit klein geschnittenem Kim Chi mischen und bei den Sauerkraut verwandten vergorenen Kim Chi-Arten (siehe Rezepte) Sesamöl und Sesamkörner hinzugeben. Bei diesem Bibim Guk Su darauf achten, dass es durch das Kim Chi nicht zu salzig wird.

Zubereitungszeit 20 Minuten

WINTERREZEPT
BIBIM GUK SU IN BRÜHE

2–3 Portionen
250 g dickere flache Nudeln (Udong Myŏn)
Kim Chi nach Wahl oder beliebige Salate (Namull, ab Seite 62)
1 l Gemüsebrühe aus zwei Brühwürfeln
1 Ei

1 Nudeln in Salzwasser vorkochen, in Portionsschälchen geben und Kim Chi oder beliebige verschiedene Beilagen darüber verteilen. Auf ein möglichst buntes Bild achten.

2 Währenddessen die Gemüsebrühe kochen und das Ei einrühren. Die Schälchen mit Gemüsebrühe auffüllen – dabei seitlich gießen, damit das Gemüse nicht weggespült werden kann, und sofort servieren.

Zubereitungszeit 20 Minuten

KALTES NUDELGERICHT
NAENG MYŎN

4–6 Portionen
Für Rettich-Kim Chi:
Mischung 1
500 g großer weißer Rettich
1 TL Chilipulver
1 TL Salz
1/2 TL frischer Ingwer, zerstoßen
1 TL durch die Knoblauchpresse gedrückter Knoblauch
1/4 Zwiebel, feinst gehackt

1 Vom Rettich ein Stück für acht dünne Scheiben abschneiden und beiseite legen (für die weiteren Zutaten). Den übrigen Rettich schälen und halbieren und danach in sehr dünne Scheiben schneiden oder mit dem Gurkenhobel hobeln. Danach die Zutaten von *Mischung 1* (Chilipulver, Salz, Knoblauch, Ingwer und Zwiebel) mit den Rettichscheiben vermengen und mindestens einen Tag – besser zwei oder drei Tage – abgedeckt stehen lassen.

Für frisches Gurken-Kim Chi:
2 junge Gurken (alternativ 1 Schlangengurke)
Mischung 2
1 TL Sesamöl
1 EL helle Sojasauce
1 EL Frühlingszwiebeln, feinst gehackt
1/4 TL feinst gehackte frische rote Chilischote oder getrocknete Chiliflocken

1 Zwei junge Gurken quer in längliche Scheiben schneiden (oder eine reife Schlangengurke schälen, halbieren, die Kerne mit einem Teelöffel entfernen und danach die Gurke schräg in Scheiben schneiden).

2 Mit der *Mischung 2* (Sesamöl, Sojasauce, Zwiebeln und Chilischote) vermischen.

Für die Brühe:
2 EL gekörnte Gemüsebrühe (Fertigprodukt)
1/2 l Wasser
Mischung 3
1 EL Sesamkörner, Seite 34
1 EL Sesamöl
3 EL helle Sojasauce
3 EL Frühlingszwiebeln, feinst gehackt
2 EL gekörnte Gemüsebrühe (Fertigprodukt)
1/2 l Wasser

1 Aus der *Mischung 3* mit der gekörnten Gemüsebrühe eine Suppe kochen.

bitte umblättern auf Seite 86

Weitere Zutaten:
1 Birne (frisch oder aus der Dose)
500 g feine Nudeln (chinesische, koreanische oder Spaghettini)
2 Eier
8 dünne runde Scheiben Rettich
1 rote Chilischote
Essig, Senf (oder: Essig-Senf-Sauce, Seite 33)
4 Knoblauchzehen

1 Die Birne schälen, halbieren und in dünne Segmente schneiden, dann in Salzwasser einlegen. Die Nudeln in Salzwasser 6 bis 8 Minuten kochen – sie müssen noch Biss haben, wenn sie aus dem Wasser genommen und abgeschreckt werden. Danach abkühlen lassen.

2 Eier hart kochen und pellen, oben und unten so viel wegschneiden, dass das Eigelb erscheint, halbieren oder vierteln und zurücklegen.

3 Die Nudeln in Portionen in tiefe Teller oder asiatische Schälchen füllen und nacheinander Rettich Kim Chi, Gurken Kim Chi, die Birnensegmente und je Schale zwei ganze hauchdünne Rettichscheiben (vom zurückbehaltenen Rettichstück) zugeben, das doppelt geköpfte, halbierte Ei aufsetzen und mit der in feinste Streifen geschnittenen Chilischote garnieren.

4 Danach die Gemüsesuppe aus *Mischung 3* mit Essig-Senf-Sauce oder Essig und Senf abschmecken. Die Knoblauchzehen in dünne Scheibchen zerteilen und in die Brühe geben. Suppe über den Nudeln verteilen.
Zubereitungszeit mindestens 60 Minuten

TOFU – EIN VERWANDLUNGS-KÜNSTLER

TOFU MIT GEMÜSE
DU BU ZŎN GOLL

3–4 Portionen
400 g frischer Tofu
50 g großer Rettich
50 g Möhren
50 g Chinesische Pilze, getrocknet
(alternativ Champignons)
1 EL Speisestärke
Salz und Pfeffer (nach Bedarf)
2 EL Pflanzenöl
100 g Spinat
2 Stängel Frühlingszwiebel
1 mittlere Zwiebel
2 EL helle Sojasauce
1 EL Zucker
evtl. 1–2 TL Knoblauch, feinst zerkleinert
1 EL Sesamöl
2 TL Sesamkörner, geröstet (Seite 34)
1 TL Pinienkerne

1 Tofu in bleistiftdicke Scheiben schneiden und auf Küchenkrepp etwa 10 Minuten abtrocknen lassen.

2 Rettich und Möhren dünn abschälen, in feine Scheiben schneiden.

3 Chinesische Pilze in lauwarmem Wasser aufquellen lassen, dann gut abtropfen. In fingerdicke Streifen schneiden, in mit Salz und Pfeffer vermischter Speisestärke wälzen und in erhitztem Pflanzenöl braten.

4 Spinat blanchieren und grob hacken, Frühlingszwiebeln und Zwiebel in feine Scheiben schneiden, mit den Pilzen und Spinat vermischen.

5 Geschnittenen Rettich, Tofu und Möhren in einen flachen Topf geben. Sojasauce, Zucker, Knoblauch, Sesamöl und Sesamkörner zu einer Marinade mischen und darüber verteilen. Vorbereiteten Spinat und Pilze dazugeben. Den Topf gut verschließen – gegebenenfalls etwas Wasser hinzugeben – und das Gericht nur kurz zum Kochen bringen.
Vor dem Servieren mit gerösteten Pinienkernen dekorieren.

Zubereitungszeit etwa 40 Minuten

GEKOCHTER TOFU
DU BU YANG NUEM TSHANG

2–3 Portionen
400 g frischer Tofu
1 TL Petersilie
1 TL Schnittlauch
1 TL Liebstöckel
1 TL Basilikum (oder andere Kräuter der Saison)
2 Zehen Knoblauch
1/2 Tasse helle Sojasauce
Nach Geschmack:
etwas scharfe Chilipaste nach
Grundrezept, Seite 32

1 Den frischen Tofu etwa 10 Minuten in kochendes Salzwasser geben. Währenddessen alle gewaschenen und gut abgetropften Kräuter und den Knoblauch fein hacken und mit der Sojasauce vermischen.

2 Tofu würfeln und die Kräutermarinade darüber geben. Wer es scharf mag, kann dieses Tofugericht mit Chilipaste anrichten.

Zubereitungszeit 20 Minuten

GEBRATENER TOFU
DU BU GUYI

Grundrezept
400 g frischer Tofu (entspricht dem handelsüblichen Tofublock)
ausreichend Pflanzenöl, um jeweils den Pfannenboden zu bedecken
Salz und Pfeffer

1 Tofu in Scheiben von knapp einem Zentimeter Dicke schneiden, auf einem Küchentuch eine halbe Stunde trocknen lassen, evtl. mit Küchenkrepp abtupfen, dann salzen und pfeffern.

2 Die Scheiben bei guter Hitze in Öl beidseitig goldgelb braten.

Zubereitungszeit etwa 15 Minuten (ohne die Wartezeit, bis der Tofu abgetrocknet ist)

Marinierter Tofu, geschmort
Du Bu Yang Neam

2 Portionen
6 Scheiben gebratener Tofu, siehe oben
4 EL Sojasauce, je zur Hälfte hell und dunkel
1 EL Lauch oder Schnittlauch, fein gehackt
1 TL Sesamkörner, Seite 34
1 TL Sesamöl
1 rote Paprikaschote, in Streifen geschnitten

1 Aus der Sojasauce, dem gehackten Lauch, den Sesamkörnern und dem Sesamöl eine Marinade mischen.

2 Tofuscheiben in einen Topf legen und die Marinade zugeben. Dann die Paprikastreifen auf die Tofuscheiben legen. Mit aufgelegtem Deckel bei mittlerer Hitze 15 Minuten schmoren.

Zubereitungszeit etwa 20 Minuten

Feuriges Du Bu
Du Bu Bul Guyi

2–3 Portionen
400 g Tofu (entspricht einem Tofublock)
2 mittelgroße Zwiebeln
5 Knoblauchzehen
1 halbe Tasse Sojasauce, hell oder gemischt
1 EL Sesamöl
je 1 Prise Salz, Pfeffer und Zucker

1 Tofu trocknen und 10 Minuten ruhen lassen, danach in fingerdicke Stäbchen schneiden.

2 Zwiebeln in Ringe schneiden, mit gehacktem oder zerdrücktem Knoblauch in die Sojasauce geben, mit dem Sesamöl vermischen, Salz, Pfeffer und Zucker einrühren.

3 In der Marinade den geschnittenen Tofu ziehen lassen und danach in einer erhitzten Pfanne kurz braten. Mit Reis servieren.
Gegebenenfalls etwas Wasser und gekörnte Gemüsebrühe hinzugeben.

Zubereitungszeit etwa 15 Minuten
(ohne die Ruhezeit)

HAUPTGERICHTE & FESTTAGSKÜCHE

Alle Gemüse und Festtagsgerichte mit einer Schale heißem Reis servieren. Um ein komplettes Menü zu erhalten, kann man alle Gerichte miteinander kombinieren.

GESCHMORTE GRÜNE BOHNEN
KONG CHORIM

2–3 Portionen
300 g Buschbohnen
1 walnussgroßes Stück Butter
7–8 schwarze Pfefferkörner
2 EL helle Sojasauce
1 EL dunkle Sojasauce
1 EL Sesamkörner, geröstet (Seite 34)

1 Bohnen säubern, putzen und zerkleinern und etwa 3 Minuten blanchieren.

2 Einen Topf stark erhitzen und die Butter und Pfefferkörner in den Topf geben. Kurz bevor die Butter bräunt, Bohnen einfüllen, Sojasaucen zugeben und die Hitze reduzieren. Bei mittlerer Hitzezufuhr etwa 10 Minuten zugedeckt unter mehrfachem Umrühren schmoren. Kurz vor dem Servieren mit Sesamkörnern bestreuen.

Zubereitungszeit etwa 30 Minuten

Variation: Statt der grünen Bohnen kleinere weiße getrocknete Bohnen verwenden. Dazu die Bohnen über Nacht in reichlich Wasser einweichen, mit frischem Wasser aufsetzen und danach so lange kochen, bis die Bohnen gar sind, aber noch Biss haben.
Die Menge an Sojasauce wird um ein Drittel erhöht – dadurch lässt sich diese Beilage auch länger im Kühlschrank aufbewahren.

GESCHMORTE AUBERGINEN
GA ZI CHORIM

2–3 Portionen
1 große Aubergine
100 g Frühlingszwiebeln oder 1 Zwiebel
2 Zehen Knoblauch
1 EL Sesamöl
1 EL dunkle Sojasauce mit 2 EL Wasser vermischt
Salz und Pfeffer nach Geschmack
1 TL Sesamkörner, geröstet (Seite 34)

1 Die Aubergine in Würfel von fünf Zentimeter Kantenlänge zerteilen, Frühlingszwiebeln in Ringe schneiden (alternativ gewürfelte Zwiebel) – beides in einem Topf mit zerdrücktem Knoblauch in Sesamöl andünsten und kurz darauf die Sojasauce-Wassermischung sowie Salz und Pfeffer hinzugeben, mehrfach umrühren und schmoren lassen (5 Minuten bei großer und 10 Minuten bei kleiner Hitze).

2 Kurz vor dem Servieren mit Sesamkörnern überstreuen.

Zubereitungszeit 20 Minuten

Gedünstetes Gemüse
Ja tshe bokŭm

3–4 Portionen
2 Paprikaschoten (grün, gelb oder rot)
2 große Zwiebeln
2 junge Zucchini
1–2 Auberginen (je nach Größe)
1 grüne Gurke
(nach Verfügbarkeit weitere
beliebige Gemüse der Saison)
100 g frische Champignons
Zum Dünsten:
2 EL Sesamöl
2 EL Speiseöl
Salz und Pfeffer
2 Knoblauchzehen
1 TL Sesamkörner, geröstet (Seite 34)

1 Gemüse waschen, säubern, falls nötig schälen und in Stücke schneiden. Pilze mit Küchenkrepp abwischen und in Scheiben schneiden.

2 Sesamöl und Speiseöl mischen und in einer großen Pfanne erhitzen.

3 Das Gemüse je nach der Garzeit unterschiedlich dick schneiden (z.B. Karotten dünn, Gurke dick) und zusammen kurz hell anschwitzen. Salz, Pfeffer und kleinst gehackten Knoblauch hinzugeben, umrühren, 2 Minuten zugedeckt weiterdünsten. Noch einmal gut umrühren und weitere 2 Minuten garen.

4 Vor dem Auftragen mit den Sesamkörnern bestreuen.

Zubereitungszeit etwa 20 Minuten

Gedünstete bunte Paprikaschoten
Pi mang bokŭm

3–4 Portionen
je 2 rote, gelbe und grüne Paprikaschoten
1–2 Gemüsezwiebeln oder 3 mittlere Zwiebeln
100 g Soja- oder Mungobohnensprossen
2 $^1/_2$ EL Pflanzenöl
1 $^1/_2$ EL Sesamöl
Salz und Pfeffer
2 gestr. EL Petersilie, fein gehackt
1 gestr. EL Sesamkörner, geröstet (Seite 34)

1 Paprikaschoten vierteln und vom Kerngehäuse befreien, danach in Stücke – etwa fingerlang und fingerdick – zerteilen. Zwiebel in Ringe schneiden und drei- bis viermal zerteilen. Die Sprossen kurz überbrausen und abtropfen lassen.

2 Einen gusseisernen Topf oder eine schwere größere Pfanne erhitzen und den Boden mit Pflanzenöl bedecken. Die Paprika-Zwiebelmischung hineingeben und etwa fünf- bis sechsmal je eine halbe Minute lang während des langsamen Bratens (bei geringer Hitzezufuhr) umrühren, dabei die Sprossen und das Sesamöl nach und nach zugeben. Mit Pfeffer und Salz abschmecken. Die Hitzezufuhr auf niedrigste Stufe schalten und alles noch etwa 2 Minuten zugedeckt durchziehen lassen. In dieser Zeit bildet sich so viel Flüssigkeit, dass eine extra Sauce nicht nötig ist.

3 Vor dem Servieren Petersilie und Sesamkörner über das Gericht streuen.

Zubereitungszeit etwa 15 Minuten

Geschmorte Birnenkartoffeln
Gam Cha Zimm

2–3 Portionen
Basiszutaten:
200 g Kartoffeln, nussgroß gewürfelt
200 g Sojagulasch (Reformhaus oder Naturkostladen) oder die gleiche Menge nussgroße Tofustücke, gut auf Küchenkrepp abgetropft
$^1/_2$ Birne (evtl. aus der Dose)
6 braune Champignons oder frische Shiitake oder 4 getrocknete chinesische Pilze
etwas Pflanzenöl
1 Ei

Würzmischung:
1 EL Reiswein (Sul) oder Sherry
4 EL helle und dunkle Sojasauce
2 EL Zucker
2 EL Frühlings-/Lauchzwiebeln, fein gehackt
2 TL Knoblauch, feinst gehackt oder durch die Knoblauchpresse gedrückt
1 $^1/_2$ EL Sesamkörner, geröstet (Seite 34)
2 EL Sesamöl
1 gute Prise Pfeffer
Eierrhomben, Seite 34, zur Dekoration

1 Die Birne schälen, hacken und mit den Kartoffelwürfeln und Sojagulasch vermischen. Falls kein Sojagulasch vorrätig ist, die Kartoffelmenge verdoppeln. Zusammen mit den Pilzen in etwas Pflanzenöl in der Pfanne langsam schmoren.
Ein Ei darüber schlagen und verrühren.

2 Kurz bevor die Kartoffeln gar sind, die Würzmischung darüber geben, einen Deckel auflegen und bei niedriger Hitze ziehen lassen.

Vor dem Servieren Sesamkörner, Sesamöl und Pfeffer untermischen.

Dies Gericht gewinnt, wenn es mit Eierrhomben dekoriert wird.

Zubereitungszeit ca. 35 Minuten

Scharfe Kartoffeln
Gam Cha Chorim

2–3 Portionen
400 g Kartoffeln
100 g scharfe grüne Chilischoten
2 EL Gan-Chang (dickflüssige, dunkle Mungobohnensauce aus dem Asia-Geschäft)
1 TL Zucker
1 TL Salz
Pfeffer nach Geschmack
2–4 Zehen Knoblauch, geschält

1 Kartoffeln, falls nötig schälen (neue Kartoffeln nur gründlich unter Wasser abbürsten) und in ca. 1 cm dicke Scheiben schneiden. Chilis vom Kerngehäuse befreien und die Schoten in kleine Querstreifen oder Ringe schneiden.

2 Gan-Chang mit Zucker, Salz, Pfeffer sowie sehr fein gehacktem Knoblauch in einem Kochtopf verrühren, Kartoffeln und Chili hinzugeben und bei sanfter Hitze eine halbe Stunde garen.
Ein- bis zweimal vorsichtig umrühren, damit die Kartoffelscheiben nicht zerfallen.

Zubereitungszeit 35 Minuten

SCHMORGURKEN
OYI NAMULL

2 Portionen
1 sehr zarte grüne Gurke
1 EL Sesamöl
1 EL helle (oder gemischte) Sojasauce
1–2 Knoblauchzehen
Salz und Pfeffer
1 TL Sesamkörner

1 Sehr junge Gurke halbieren, in Scheiben schneiden. Sesamöl in einen heißen Topf geben, Sojasauce und Knoblauch hineingeben, umrühren, die Gurkenscheiben zugeben und bei niedriger Hitze 8 Minuten schmoren. Mit Salz und Pfeffer abschmecken. Vor dem Servieren Sesamkörner darüber streuen.

Zubereitungszeit etwa 15 Minuten

GEMÜSE-NUDEL-PFANNE
SUN ZAP TSHE

3–4 Portionen
100 g Schlangenbohnen* – ersatzweise fadenlose grüne Bohnen
1 Stange Staudensellerie
100 g Möhren
100 g Bambusschösslinge (aus der Dose)
100 g Zwiebel
5–6 getrocknete Pilze, in lauwarmem Wasser eingeweicht oder frische braune Champignons

Für die Marinade:
2 EL helle Sojasauce
1 EL Zucker
1 EL Frühlings-/Lauchzwiebeln, fein gehackt
1 TL Knoblauch, feinst gehackt
1 TL Speiseöl oder Sesamöl (nach Geschmack)

50 g dünne Reisnudeln
200 g feine Tofustreifen, gebraten (Seite 91)
Eierrhomben, Seite 34

1 Bohnen in Stücke schneiden, in Salzwasser kurz aufkochen, bis sich eine tiefgrüne Farbe entwickelt hat, abgießen und abschrecken.

2 Vom Staudensellerie die faserigen äußeren Teile von unten nach oben abziehen. Den gestrippten Selleriestängel in 5 cm lange Stäbchen zerteilen, genauso mit der Möhre, den Bambusschösslingen und der Zwiebel verfahren.
Die Pilze in fingerdicke Stücke schneiden und sautieren oder frische Champignons vierteln und kurz in etwas Pflanzenöl anbraten.

3 Die Zutaten für die Marinade vermengen.

4 Die Nudeln in kochendem Wasser nach Vorschrift garen. Die abgetropften Nudeln und gebratenen Tofustreifen mit allen Zutaten und der Marinade vermischen. Für die Dekoration ausgebackene Eierrhombenfladen in feine Streifen schneiden.

Kann kalt serviert oder aber in der Pfanne kurz angewärmt werden.

Zubereitungszeit etwa 60 Minuten.

---

* Auch Spargelbohnen genannt, sind etwa 30–90 cm lang, die Farbe spielt von grün bis graugrün, der Geschmack ist mild und süßlich.

GLASNUDEL-GERICHT
TSHE-SO ZAP TSHE

3–4 Portionen
2 große Zwiebeln
3 Möhren
1 Stange Lauch/Poree
1 rote Gemüsepaprikaschote
3 EL Pflanzenöl zum Dünsten
300 g Glasnudeln (ein Beutel)
2 EL Sesamöl
1 EL Sesamkörner, Seite 34
2 EL helle Sojasauce
1–2 EL dunkle Sojasauce
2–3 TL Zucker
Nach Geschmack noch dazu:
3 Zehen Knoblauch, feinst gehackt

2 Eier
1 sehr junge Gurke, Pfeffer und Salz

1 Zwiebeln und Möhren schälen und in bleistiftdicke Stäbchen schneiden. Lauch und Paprikaschote in bleistiftstarke Streifen – etwa fingerlang – schneiden. Nacheinander in Pflanzenöl anschwitzen und in separaten Schalen beiseite stellen. Parallel dazu Glasnudeln 5 Minuten in kaltem Wasser einweichen, danach 5 Minuten lang kochen. Wenn sie durchsichtig sind, aus dem Wasser nehmen. Gegarte Glasnudeln am besten mit einer Küchenschere in zwei bis drei Teile zerschneiden. Jetzt alle übrigen Zutaten zugeben und durchmischen – nach Geschmack noch Knoblauch hinzufügen.

2 Eier verquirlen und in einer Pfanne zu dünnen Pfannkuchen ausbraten, mehrmals falten und in dünne Streifen schneiden. Das Glasnudel-Gemüse-Gemisch mit den Eierstreifen und der ebenfalls in Streifen geschnittenen Gurke, gewürzt mit Salz und Pfeffer, garnieren.

Zubereitungszeit etwa 45 Minuten

PIKANTE AUBERGINE
GAZI ZIMM

2–3 Portionen
1 mittelgroße oder 2 kleine Auberginen
5 EL Sesamöl
2 EL Sojasauce – hell oder halb und halb
1 EL Zucker
2 EL Frühlings-/Lauchzwiebeln, fein gehackt oder Zwiebeln
1 TL Knoblauch, feinst gehackt
2 TL Sesamkörner, geröstet (Seite 34)
Pfeffer
1 kleine Tasse Essig-Sojasauce, Seite 32
Zum Garnieren:
1–2 frische dunkelrote Chilischoten und
1 Stängel Frühlingszwiebel, in Ringe geschnitten
falls vorhanden: ein größeres, blanchiertes Röschen Broccoli zur Dekoration

1 Aubergine waschen und Stängel abtrennen. Eierfrucht in Scheiben von ca. 6–7 mm Dicke aufschneiden – größere Auberginen quer in runde und kleinere in längliche Scheiben. Die Scheiben nacheinander in etwas Sesamöl goldbraun braten. Immer wieder wenig Öl nachgießen.

2 Eine Lage gebratener Auberginenscheiben in einer Servierpfanne oder auf einem runden Servierteller kranzförmig anordnen und mit der Mischung aus einem Esslöffel Sesamöl, der Sojasauce, dem Zucker, der gehackten Zwiebel und dem Knoblauch sowie der Essig-Sojasauce übergießen und etwas ziehen lassen.

3 Kurz vor dem Servieren eine zweite Lage gebratener Auberginen auf die erste legen und mit den in feinste Streifen geschnittenen Chilischoten und der Frühlingszwiebel bestreuen. In die Mitte den blanchierten Broccoli zur Dekoration setzen.

Zubereitungszeit etwa 15 Minuten

GEDÄMPFTER KOHL
YANG BE TSHU ZIMM

2–3 Portionen
5 getrocknete chinesische Pilze
oder 200 g frische Champignons
150 g Weißkohl
2 Möhren
1 Zwiebel
2 grüne Chilischoten
1 rote Chilischote
2 Tassen Mehl
1 Ei, 1/2 Tasse Wasser
1 EL Sesamöl
Salz und Pfeffer

1 Chinesische Pilze in warmem Wasser einweichen. Weißkohl reinigen, in Streifen schneiden und kurz blanchieren, Möhren und Zwiebel klein schneiden, die grünen und die rote Chilischote putzen, das Kerngehäuse entfernen und die Schoten danach in Streifen schneiden. Chinesische Pilze oder die frischen Champignons ebenfalls in Streifen schneiden.

2 Die so vorbereiteten Gemüse in einer Schüssel zusammen mit Mehl, Ei, Wasser und Sesamöl mischen, mit Salz und Pfeffer würzen und die Masse auf einem Küchentuch verteilen.

3 Danach im Dampf (Küchentuch an einem Holzkochlöffel festbinden) wie einen Serviettenknödel garen und wenn der Kloß fertig ist, vom Küchentuch abrollen.

Kann man kalt oder warm servieren.

Zubereitungszeit etwa 60 Minuten

CHINAKOHLGEMÜSE
BE TSHU BOKŬM

4 Portionen
750 g Chinakohl
3 kleine Zwiebeln – oder
6 Stängel Frühlings-/Lauchzwiebeln
2 EL Pflanzenöl
4 Knoblauchzehen, feinst zerkleinert
Pfeffer und Salz zum Abschmecken

1 Chinakohl und Zwiebeln putzen und in Streifen schneiden und scharf in Pflanzenöl anbraten. Dann die übrigen Zutaten hinzugeben und langsam ca. 8 Minuten dünsten.

Variation: Einen Esslöffel helle Sojasauce unter das fertige Be Tshu Bok˘um mischen – sorgt für einen pikanten Geschmack.

Zubereitungszeit etwa 15 Minuten

GEFÜLLTER CHINAKOHL
BE TSHU ZIMM

4 Portionen
6–8 Chinakohlblätter
400 g Tofu, frisch (1 Block)
1 Möhre
1 rote Paprika
100 g Champignons
1 EL Sesamöl
Salz, Pfeffer
1/2 Tasse Kartoffelmehl
Für die Marinade:
1 TL Sesamöl
2 EL Sojasauce
1 TL Sesamkörner, geröstet (Seite 34)
2 TL Chilipulver

1 Die Chinakohlblätter kurz in kochendes Wasser tauchen, abtropfen lassen.
Tofu in Scheiben schneiden, trockentupfen (evtl. mehrfach) und zerbröseln.
Möhre, rote Paprika und Champignons in kleine Stücke schneiden und mit dem Tofu in einer Schüssel mit Sesamöl, Salz und Pfeffer verrühren.

2 Die Chinakohlblätter mit dem Kartoffelmehl bestreichen. Anschließend die Gemüse-Tofu-füllung auftragen und die Blätter einrollen (wie zu Kohlrouladen).

3 Die gefüllten Blätter im Einsatz des Dampftopfs 10 bis 15 Minuten garen und danach mit der Marinade beträufeln.
Mit Reis oder Kartoffeln servieren.

Zubereitungszeit: 40 Minuten

PILZPFANNE
BOEH SOEHG TSOEN

4 Portionen
250 g Austernpilze
250 g weiße Champignons
250 g Pfifferlinge, außerhalb der Saison durch frische Shiitake ersetzen oder mehr Trockenpilze verwenden
1 Tasse Trockenpilze wie Mu Err oder Shiitake
4 EL Sojasauce
4 Stängel Frühlings-/Lauchzwiebeln
1 rote Paprikaschote
1 Zucchino
2 TL Sesamöl
3 Knoblauchzehen
Salz und schwarzer Pfeffer (aus der Mühle)
1 EL Sojasauce
1 TL Sesamkörner, geröstet (Seite 34)

1 Die frischen Pilze nicht waschen, sondern mit einer weichen Bürste oder einem Tuch abreiben. Stängel kürzen und die Pilze in mundgerechte Stücke zerteilen. Bis zur Weiterverwendung mit einem Tuch bedeckt zur Seite stellen.

2 Trockenpilze wie auf Seite 27 beschrieben vorbereiten; eine Stunde lang in einer Tasse Wasser einweichen und danach die Pilze in daumengroße Stücke zerschneiden und mit der Sojasauce marinieren.

3 Frühlingszwiebeln schräg in 1 cm lange Stücke zerschneiden (grüne und weiße Teile), Paprikaschote entkernen und die Trennwände herausschneiden; die Schote längs in bleistiftdicke Streifen schneiden, Zucchino grob würfeln.

4 Sesamöl in einer beschichteten Pfanne erhitzen und das Gemüse hinein geben.
Knoblauchzehen durch die Presse drücken und unterrühren.

5 Wenn alles angebraten ist, zusammen mit den Pilzen unter ständigem Rühren garen – das Gemüse und die Pilze müssen aber noch Biss haben. Mit Salz, Pfeffer und evtl. Sojasauce abschmecken und Sesamkörner darüber streuen.

Variationen:

- gekochten Reis unter das fertig Gericht rühren
- gewürfelte gekochte Kartoffeln dazu servieren
- 1 Tasse eingeweichte Glasnudeln zu den frischen Pilzen zugeben und mitgaren
- mit Korianderblättern oder gehackter Petersilie garnieren

Zubereitungsdauer etwa 40 Minuten

PILZPFANNE DU BU
BOEH SOEHG DUBU TSOEN

4 Portionen
Zutaten wie für die Pilzpfanne
400 g Tofu (1 Block)

1 Tofu gut abtrocknen und 10 Minuten ruhen lassen. Danach in daumenbreite Würfel schneiden und mit dem Knoblauch in die Pfanne geben – sonst weiter verfahren wie bei der Pilzpfanne.

Gekochter Reis oder Glasnudeln sind auch bei diesem Gericht eine gelungene Variation.

Zubereitungsdauer etwa 50 Minuten

Gebratene Glasnudeln mit Pilzen
Boeh Soehg Zab Tshe

3–4 Portionen
20 g getrocknete Morcheln
50 g getrocknete Tongkupilze
(oder statt der Trockenpilze 100 g frische braune Champignons oder frische Tongku-/Shiitakepilze)
1 TL Zucker, etwas Wasser
1 EL Pflanzenöl
2 große Möhren
1 Stange Lauch
1 Zwiebel oder
4 Stängel Frühlings-/Lauchzwiebeln
1/2 rote Paprikaschote
150 g Glasnudeln, 10 Minuten in kaltem Wasser eingeweicht
1/2 TL Salz
1–2 Knoblauchzehen, feinst zerkleinert
1/2 Tasse Sojasauce
1/2 TL Chilipulver oder Pfeffer
Nach Geschmack:
150 g Tofu, gebraten

1 Trockenpilze in lauwarmem, leicht gezuckertem Wasser einweichen und mindestens 1 Stunde stehen lassen, danach das Wasser abgießen. Pilze säubern, in daumendicke Stücke schneiden und in Pflanzenöl kurz anbraten.

2 Alle Gemüse putzen und in Stifte schneiden. Währenddessen reichlich Wasser in einem Topf zum Kochen bringen und die vorgeweichten Glasnudeln etwa 5 Minuten darin ziehen lassen. Gleich nach dem Herausnehmen unter fließendem kalten Wasser abschrecken.

3 Möhren und Lauch blanchieren, abtropfen lassen und dann in etwas Pflanzenöl schmoren, danach alle anderen Zutaten samt der Pilze und der Glasnudeln hinzufügen. Mit Salz oder ersatzweise Sojasauce, Chilipulver oder Pfeffer abschmecken. Nach Geschmack etwas gebratenen Tofu (siehe Seite 91) in kleine Streifen schneiden und mitdünsten.

Zubereitungszeit etwa 50 Minuten

Kartoffelpuffer
Gam Za Bu Tshim

4 Portionen
4 Stängel Frühlings-/Lauchzwiebeln
4 große Kartoffeln
$^1/_2$ TL Salz
1 EL Mehl oder Speisestärke
1 Prise Pfeffer
1 TL Knoblauch, feinst zerkleinert
$^1/_2$ grüne Paprikaschote
$^1/_2$ Stange Lauch
2 TL Sesamkörner, geröstet (Seite 34)
2 EL helle Sojasauce
2 EL Sesamöl oder Mischung aus
1 EL Pflanzenöl und 1 EL Sesamöl
1 rote entkernte Chilischote oder
1 TL zerkleinerte getrocknete Chilis
2 TL Pinienkerne oder gehackte Walnüsse
$^1/_2$ Tasse Essig-Soja-Sauce, Seite 32

1 Einen Stängel Frühlingszwiebel in feinste Ringe schneiden.
Kartoffeln schälen und reiben – sofort Salz untermischen, damit der Kartoffelteig sich nicht verfärbt – eventuell sich absetzende Flüssigkeit abgießen, danach die Masse noch einmal umrühren, Mehl und Pfeffer unterrühren. Kartoffelteig mit den Frühlingszwiebelringen vermischen.

2 Übrige Frühlingszwiebeln ebenfalls in Ringe schneiden, mit Knoblauch, der in feinste Streifen geschnittenen Paprikaschote, dem in dünnste Ringe geschnittenen Lauch und den Sesamkörnern kurz in Sojasauce einweichen.

3 In einer stark erhitzten beschichteten Pfanne jeweils drei handtellergroße Kartoffelpüfferchen in Sesamöl oder Sesamölmischung ausbraten (nicht mehr, weil sich sonst das Öl zu sehr abkühlt). Während des Bratens etwas Gemüsemischung auf die Oberseite der Kartoffelpuffer geben und andrücken. Die halbierte und danach in dünnste Halbringe geschnittene Chilischote (Vorsicht, sehr scharf!) und geröstete Pinienkerne oder gehackte Walnusskerne auf den Puffern verteilen, wenden.

4 Die Gam Za Bu Tshims sind fertig, wenn sie von beiden Seiten goldbraun gebacken sind.

Diese Kartoffelpuffer werden in Korea mit einer kleinen Schale Essig-Soja-Sauce, aus der sich jeder selbst bedient, serviert.

Zubereitungszeit ca. 60 Minuten

Ausgebackenes Gemüse
Ja Tshe Tykim

3–4 Portionen
Für das Gemüse:
2 Zwiebeln oder 4 Frühlingszwiebeln
1 Stange Lauch
1 große Kartoffel
1 mittelgroße Möhre
300 g Weißkohl
250 g Zucchini
je 1 gute Prise Salz und Pfeffer

Für den Teig:
300 g Mehl
50 g Speisestärke (Kartoffel- oder Maisstärke)
2 Eier
$^1/_4$ l Wasser
1 Tasse Pflanzenöl zum Ausbacken

1 Gemüse putzen, wo nötig schälen, und in dünne Streifen schneiden. In einer Schüssel mit gesiebtem Mehl und Speisestärke gut vermengen, Eier verquirlen und mit dem Wasser dazugeben.

2 Erneut gut vermischen und löffelweise in einer schweren Pfanne in reichlich sehr heißem Öl ausbacken. Die Gemüseküchlein sollten etwa handtellergroß sein. Nicht mehr als 3 Küchlein auf einmal in der Pfanne backen, da sich sonst das Öl zu sehr abkühlt.

3 Wenn der Teig goldbraun ist, kann das Ja Tshe Tykim aus der Pfanne genommen und entweder heiß serviert oder kalt für Buffets usw. verwendet werden.

Zubereitungszeit etwa 45 Minuten

Kebab nach Korea Art
Sanzŏk Guyi (1)

3–4 Portionen
Für die Spieße:
400 g Tofu (1 Block)
10 Stängel Frühlingszwiebeln (nur helle Stücke)
Bambus- oder Holzspieße
evtl. etwas Pflanzenöl zum Braten

Für die Grillsauce:
3 EL Frühlingszwiebeln, gehackt
4 EL Sojasauce, dunkle und helle gemischt
2 EL Zucker
1 $^{1}/_{2}$ EL Knoblauch, gehackt
1 EL Sesamkörner, Seite 34
2 EL Sesamöl
$^{1}/_{2}$ TL Reiswein (Sul) oder Sherry
1 Prise Pfeffer

Die Spieße: Frischen Tofu in etwa fingerdicke Scheiben schneiden und auf ein Stück Küchenkrepp zum Trocknen legen. Frühlingszwiebeln in etwa fingerlange Stücke schneiden.
Dann den Tofu in 5 Millimeter breite Streifen aufteilen und ebenfalls auf Fingerlänge zurechtschneiden. Danach abwechselnd Frühlingszwiebeln und Tofu auf Bambus- oder Holzspieße stecken.

Die Grillsauce: Frühlingszwiebeln mit der Sojasauce, dem Zucker, dem gehackten Knoblauch, Sesamkörnern und Sesamöl, Reiswein und Pfeffer gut vermischen und als Marinade verrühren.

Das Kebab: Die Tofu-Zwiebelspieße über Holzkohle oder auf dem typisch koreanischen Bul Go Gi grillen. Alternativ in der Pfanne mit etwas Fett braten. (Oder eine Grillpfanne benutzen.)
Während des Bratens die Grillsauce nach und nach darübergießen.

Dieses Gericht eignet sich auch zur Zubereitung am Tisch. Es beschäftigt Gastgeber und Gäste etwa so lange wie ein Fondue.

Vorbereitungszeit etwa 55 Minuten – weniger, wenn die Gäste ihre Spieße selbst stecken.
Kombinationen mit Sanzŏk Guyi (2) bis (5), siehe folgende Seiten, bringen mehr Farbe auf den Tisch!

weitere Kebab-Variationen auf der folgenden Seite

PEPERONI KEBAB
SANZŎK GUYI (2)

3–4 Portionen
Für die Spieße:
300 g Tofu
20 gelbgrüne Spitzpaprika (die milden, gibt es beim Griechen, Türken oder im Supermarkt)
3–4 Chilischoten
Bambus- oder Holzspieße

Die Spieße: Wie Sanzŏk Guyi (1) – nur, dass statt der Frühlingszwiebeln gesäuberte und dann sorgfältig entkernte Spitzpaprika und Chilischotenhälften verwendet werden.

Die Grillsauce: Wie Sanzŏk Guyi (1), vermischt mit 6 Esslöffeln feinst gehackten Frühlingszwiebeln.

Das Kebab: Zubereitung und Kombinationen wie Sanzŏk (1) und (3) bis (5), Seite 70.

PILZ KEBAB
SANZŎK GUYI (3)

3–4 Portionen

Zutaten und Zubereitung wie bei den beiden vorangehenden Rezepten. Statt Frühlingszwiebeln oder Paprika und Chilischoten werden Pilze verwendet.
In Korea nimmt man meist die dort heimischen großen braunen Pilze, die bei uns als Tongku- oder Shiitakepilze bekannt sind. Doch auch jede andere Pilzart mit einer großen Kappe eignet sich für dieses Rezept, bei dem die Pilzteile in fingerdicke Streifen geschnitten werden. Große braune Champignons sind rund ums Jahr erhältlich und ebenfalls geeignet. In manchen Geschäften und Supermärkten gibt es auch frische Shiitakepilze.
Die Pilzabschnitte können feinst zerkleinert in die Grillsauce gegeben werden und verbessern deren Aroma.

BUNTES KEBAB
SANZŎK GUYI (4)

3–4 Portionen
Für die Spieße: 250 g Tofu
100 g Bambusschösslinge (aus der Dose)
100 g große Möhren
5–7 frische große braune Champignons
3 Frühlingszwiebeln
Bambus- oder Holzspieße

Den Tofu wie bei den vorangehenden Sanzŏk Guyi Rezepten vorbereiten, Bambusschösslinge und Karotten in dünne Scheiben schneiden und in fingerdicke und fingerlange Streifen aufteilen, Pilze in fingerdicke Stücke und Frühlingszwiebeln in fingerlange Streifen schneiden.
Zutaten abwechselnd auf die Spieße stecken.
Zubereitung wie bei den vorangehenden Kebabs.

SOJA-VARIANTE
SANZŎK GUYI (5)

3–4 Portionen

Statt des Tofus in Streifen geschnittene Soja-Steaklis (texturierte Sojastücke, erhältlich in Reformhäusern und Naturkostläden) verwenden. Diese Soja-Steaklis beanspruchen eine Vorbereitungszeit von etwa 45–60 Minuten.
In Korea werden meist alle Kebabs (1) bis (5) zusammen serviert. Sie sind, in einer flachen Schüssel angerichtet, ein Highlight für die Tafel und wegen ihrer Vielfarbigkeit sehr beliebt. Man kann sie aber auch einzeln über mit Reis gefüllten Schalen anrichten (s. Abb.).

GETRÄNKE, NACHTISCH & GEBÄCK

KOREANISCHER »TEE«
NU RUNG ZI

Angebrannter (brauner)
Bodensatz vom Reiskochen
1l Wasser

1 Bodensatz mit Wasser im Reistopf aufkochen bis sich der braune Bodensatz gelöst hat. Danach in Schälchen sehr heiß servieren. Dieses Getränk ist etwas »gewöhnungsbedürftig.«

Zubereitungszeit 7–10 Minuten

KALTES ZIMT-PFLAUMEN-GETRÄNK
SU JŬNG KWA

3–4 Portionen
50 g Ingwer
1l Wasser
30 g Zimtstangen
250 g Zucker
15 getrocknete Pflaumen (nach Bedarf mehr)
1 $^1/_2$ EL Pinienkerne, geröstet

1 Den Ingwer sorgfältig schälen und in dünne Scheiben schneiden. In einen Topf mit $^1/_2$ Liter Wasser geben und zum Kochen bringen. Etwa 15 Minuten lang bei niedriger Hitze sanft kochen lassen.

2 In einem zweiten Topf die Zimtstangen im restlichen Wasser kochen. Anschließend beide Flüssigkeiten sieben (ein sehr feines Sieb verwenden) und zusammengießen. Den Zucker hinzugeben und nochmals kurz aufkochen.

3 Die getrockneten Pflaumen säubern und in die heiße Flüssigkeit geben und das Getränk abkühlen lassen. Während des Abkühlens sollten die Pflaumen aufquellen.
In einer Glasschale servieren und mit den Pinienkernen garnieren.

Zubereitungszeit 25–30 Minuten

ESSKASTANIEN-PLÄTZCHEN
BAM DASIK

ca. 14–18 Stück
500 g Esskastanien oder
vakuumierte, vorgegarte Maronen
4 EL Zucker
3 EL Honig
$^1/_2$ TL Zimt
1 TL Rum oder 1 Röhrchen Rumaroma
etwas Salz

1 Die Esskastanien über Kreuz einritzen und in einem großen Topf mit kochendem Wasser 30 Minuten garen, abschrecken, die Schalen entfernen und das weiche Kastanienfleisch durch ein Sieb drücken oder die fertigen Maronen pürieren.

2 Die übrigen Zutaten unter die Kastanienmasse mischen und kneten, bis sich ein fester Teig bildet. Unter etwas Druck ausrollen und mit kleinen Förmchen (ø ca. 2–3 cm), wie sie für Weihnachtsgebäck verwendet werden, ausstechen. In die Oberfläche mit einem Messerrücken oder einer Gabel Muster eindrücken.
Die Gebäckstücke etwas antrocknen lassen.

Zubereitungszeit etwa 90 Minuten

Ingwer-Nüsse
Saeng Pyeon

ca. 30 Plätzchen
150 g frischer Ingwer
50 g Pinienkerne, gehackt oder leicht angeröstete Walnusskerne (Baumnüsse), grob gehackt
1/2 TL Zimt, 150 g Zucker

1 Den geschälten Ingwer 3–4 Minuten in kochendem Wasser blanchieren, um ihm die Schärfe zu nehmen. Danach abtrocknen, klein schneiden und entweder im Mörser oder im Mixer feinst zerkleinern.

2 Den so behandelten Ingwer mit den Pinienkernen (etwas davon zurückbehalten) und dem Zimt in einer schweren, möglichst gusseisernen Pfanne bei mäßiger Hitze unter raschem, stetem Rühren erhitzen. Dabei nach und nach den Zucker zufügen. Wenn der Zucker schmilzt, die Masse vom Herd nehmen und kleine flache Küchlein (rund oder eckig) daraus formen und in den restlichen Kernen bzw. Nüssen wälzen.

Zubereitungszeit etwa 60 Minuten

Honigküchlein aus Reis
Bu Tshim Ddŏk (1)

400 g Reismehl (aus Klebreis)
300 ml Wasser
Pflanzenöl zum Braten
100 g Honig, möglichst Tannenhonig, erhitzt

1 Das Wasser in dünnem Strahl kraftvoll in das Reismehl einrühren, bis ein Teig entsteht. Diese Masse gründlich durchkneten und zu handtellergroßen und daumendicken runden Küchlein ausformen. Diese Teigrohlinge in einer Pfanne in heißem Pflanzenöl von beiden Seiten goldgelb braten. Die Küchlein gehen gut auf.

2 Die goldgelbe Kruste an einer Seite mit einem Teelöffel durchstoßen und den heißen Honig auf einem gesonderten Teller in und über die Küchlein gießen. Entweder zu einem Berg getürmt in einer Extraschale mit den Süßspeisen servieren oder heiß direkt auf die Teller geben. Kann auch kalt gegessen werden.

Bei dieser koreanischen Süßspeise entwickelt sich der Geschmack erst durch die Zugabe des süßenden Honigs. Statt Honig können auch andere leicht flüssige süße Saucen verwendet werden wie Sirup oder verflüssigtes Fruchtgelee.

Zubereitungszeit etwa 20 Minuten

SESAM-PLÄTZCHEN
KKAE KANG-ZON

1 Rezeptur und Zubereitung wie Ingwer-Nüsse, nur statt der Pinienkerne 75g leicht angeröstete Sesamkerne verwenden.

Zubereitungszeit etwa 60 Minuten

DATTEL-GEBÄCK
MANDU KWA

ca. 60 Stück
5 getrocknete Datteln, beste Qualität, entkernt
30 g Pinienkerne oder Walnusskerne (Baumnusskerne), gehackt
$^1/_2$ TL Zimt
250 g Mehl
1 EL Zucker, 1 Prise Salz
7 EL Sesamöl
Pflanzenöl
$^3/_4$ Glas Honig
Ingwerpulver
abgeriebene Schale einer halben ungespritzten Zitrone oder Zitronenaroma
3 EL Sherry oder koreanischer Reiswein (Sul)

1 Die Datteln kurz blanchieren, Flüssigkeit abgießen und mit dem Kartoffelstampfer breiig zerstampfen – dabei mit den gehackten Pinienkernen oder den Walnusskernen vermischen und etwas Zimt hinzugeben. Kleine Kügelchen – etwa so groß, wie eine Fingerkuppe – daraus formen und beiseite stellen.

2 Das Mehl in eine Schüssel sieben, Zucker und Salz hinzugeben, Sesamöl tropfenweise einkneten, bis eine Art Teig entsteht und das gesamte Mehl aufgebraucht ist.

3 Den Sesamölteig zu größeren Kugeln rollen (ø ca. 4–5 cm) und mit dem Zeigefinger eine Vertiefung hineindrücken, in die dann die Dattelkügelchen hineingeschoben werden; danach mit dem Ölteig sorgfältig verschließen. Mit einer Gabel einstechen, damit beim Ausbacken Dampf entweichen kann.

4 Die Kugeln in heißem Öl in der Fritteuse bei 180 °C ausbacken. Auf Küchenkrepp entfetten.

5 Honig mit Ingwer und Abrieb der Zitronenschale sowie Sherry mischen, erhitzen und großzügig über die fertig ausgebackenen Küchlein gießen. Sie schmecken frisch und warm am besten.

Zubereitungszeit etwa 120 Minuten

Fettärmere Variante: Die Küchlein mit wenig Pflanzenfett in einer beschichteten Pfanne ausbacken.

KOREA-LECKERLI (KLEBREISKUCHEN)
TSAP SSALL BANG

4 Portionen
400 g Klebereispulver
$^1/_4$ l Wasser
1 Päckchen Backpulver
200 g Rosinen
50 g Pinienkerne
100 g Walnuss-/Baumnusskerne, grob gehackt
340 g ungesüßte Dosenmilch

1 Alle Zutaten in einer Schüssel zu einem Teig vermischen. Den Teig auf einem gefetteten Backblech oder auf Backpapier ausstreichen und 20 Minuten bei 175 °C im Umluftbackofen backen.

2 Danach in zwei Finger breite Quadrate schneiden, abkühlen lassen und servieren.

Zubereitungsdauer etwa 30 Minuten

HONIGKÜCHLEIN AUS MEHL
BU TSHIM DDŎK (2)

1 Zubereitung von Teig und Honigguss wie bei den Bu Tshim Ddok aus Reismehl – nur dass hier statt Reismehl Weizenmehl, gut vermischt mit $^1/_2$ Päckchen Backpulver, verwendet wird. So lange backen, bis die Küchlein aufgegangen und »durch« sind. Danach wie oben verfahren und den Honig verflüssigen. Durch die süße Honigsaucenbeigabe werden die Küchlein zu einer Süßspeise.

Zubereitungszeit etwa 20 Minuten

KASTANIEN-DATTEL-REISPUDDING
YAK SIK

4–6 Portionen
400–500 g Klebreis
500 g Esskastanien* oder 350 g Maronenmus oder -creme aus der Dose
3 EL Sojasauce
250 g brauner Zucker
1 TL Zimt
3–4 EL Sesamöl
150 g getrocknete Datteln, entkernt
150–200 g kernlose Rosinen
5 EL Honig (am besten Tannenhonig)
2 EL Pinienkerne oder entsprechende Menge gehackte Walnüsse (Baumnüsse)

1 Reis waschen und über Nacht in Wasser einweichen. Kastanien schälen und halbieren. Datteln grob hacken. Reis abgießen, in Bambus-Dampfeinsatz oder in einem Siebeinsatz eines Dampfkochtopfs gleichmäßig verteilen und in die Mitte mit der Faust ein Loch drücken. Mindestens eine halbe Stunde dämpfen. Dabei einmal mit Wasser besprenkeln.

2 Danach den noch heißen Reis in eine feuerfeste Schüssel geben und mit Sojasauce und Zucker sorgfältig vermengen. Den Zimt und das Sesamöl mit einem Kochlöffel einarbeiten und dann vorsichtig Datteln, Rosinen und Kastanien untermischen und die Masse 5 Stunden lang im Dampf garen, bis die Kastanien weich sind.
Wenn Maronenmus verwendet wird, verkürzt sich die Garzeit um 2 Stunden.
Während des Dämpfens Wasser nachgießen und kurz vor Ende der Kochzeit den Honig über der Masse verteilen und Pinienkerne oder gehackte Walnusskerne darüber streuen.

3 Der fertige Pudding kann noch kochend heiß in Formen (z.B. Gugelhupfform) gefüllt werden und lässt sich dann nach dem Erkalten stürzen.

Zubereitungszeit 3 Stunden – ohne Einweichen

---

*Die Garzeit lässt sich entscheidend verkürzen, wenn die Esskastanien über Kreuz eingeritzt werden und dann in Salzwasser 30 Minuten vorgekocht werden.

TIPPS FÜR DEN EINKAUF

Korea ist überall: Spezialgeschäfte, die ausschließlich koreanische Lebensmittel führen, gibt es in Deutschland, Österreich und der Schweiz selten. Sie finden Korea-Artikel in vielen Asia-Shops, in den Lebensmittelabteilungen großer Warenhäuser, in gut sortierten Supermärkten und in Feinkostgeschäften. Die in Europa lebenden Koreaner passen sich an und kaufen die Produkte beim »Chinesen« oder »Thai«. Adressen finden Sie im örtlichen Telefonbuch oder im Branchenverzeichnis. Auf Wunsch wird auch bestellt.

Gemüse finden Sie in bester Qualität
- in sehr gut geführten Gemüsegeschäften, auf dem Wochenmarkt, in den Gemüseabteilungen der Feinkostgeschäfte und der Warenhäuser.

Gemüse in verlässlich guter Qualität finden Sie
- in allen Asia-Shops (Chinesen, Japaner, Thais, Vietnamesen). Hier gibt es auch eine Vielzahl an frischen Kräutern und Wurzeln sowie Samen und Kerne, aus denen Sprossen gezogen werden können.
- in Reformhäusern.
- in Naturkostläden.

Das Angebot umfasst auch frische Mungo- und Sojabohnensprossen.
- in türkischen Geschäften – die Händler haben ein Händchen für junges und frisches Gemüse!
- auf Wochenmärkten – leider sind Gurken und Zucchini oft schon zu reif (zu groß).
- beim Bio-Bauern Ihres Vertrauens; viele stellen das Gemüse auch zu.

Tofu-Produkte finden Sie
- in allen Asia-Geschäften.
- im Reformhaus in großer Auswahl: z.B. Tofu, vegetarisches Gulasch oder Frikadellenmix sowie Steaklis. Viele Reformhäuser führen auch frische Sprossen, Bohnen, Samen und Kerne aus kontrolliertem Anbau und verschiedene Keimapparate.
- in Naturkostläden.
- in Supermärkten mit »Exoten-Abteilungen«.

Die unverzichtbare **Sojasauce** finden Sie
- in jedem Lebensmittelmarkt (aber meist nur eine Sorte). Die Kleinpackungen sind jedoch verhältnismäßig teuer.
- in asiatischen Geschäften erhalten Sie Flaschen mit 0,75l, 1 l und 2 l oder 3 l Inhalt.

Die gängigen chinesischen oder thailändischen Varianten kommen der koreanischen Sauce geschmacklich so nahe, dass sie ohne weiteres ausgetauscht werden können. Japanische Sojasauce verdirbt schneller, sie kann nicht so lange aufbewahrt werden. Koreanische Sojasauce wird in Plastikflaschen verkauft.
Es lohnt sich in jedem Fall, einen Vorrat anzuschaffen.

Essig – siehe Seite 29.

Konserven von guter Qualität finden Sie
- in den Asia-Shops. Zum Beispiel ist eingelegter Knoblauch ein Standardartikel, und die gebotene Qualität kann durchaus empfohlen werden.

Kim Chi aus der Dose reicht geschmacklich nicht an die Frischware heran. Frisches Kim Chi ist selten, die verpackte Ware entspricht nicht immer den Geschmackserwartungen. Es kann jedoch auf Wunsch bestellt werden, einige Asia-Shops haben es vorrätig.

REZEPTVERZEICHNIS

STICHWORTVERZEICHNIS

VEGETARISCHES AUS ALLER WELT

INDISCH VEGETARISCH

von Sushila Issar und Mrinal Kopecky
127 S., 83 Farbfotos, ISBN 978-3-7750-0352-0

Die indische Küche ist eine unerschöpfliche Quelle vegetarischer Köstlichkeiten. Für dieses Buch wurden über 100 der attraktivsten vegetarischen Originalrezepte aus Indien ausgewählt und so bearbeitet, dass sie auch hierzulande problemlos zubereitet werden können. Mit einer ausführlichen Warenkunde.

VEGITALIA:

Vegetarisch & echt italienisch, schnell – einfach – köstlich
von *Ursula Ferrigno*. 224 S., 130 Farbfotos, ISBN 978-3-7750-0575-3

Eine klassische Sammlung leckerer und authentischer vegetarischer Rezepte aus Italien, die einfach nachzuvollziehen sind: Großartiges italienisches Essen – voller Geschmack und gut für die Gesundheit. Die 125 köstlichen Rezepte werden ergänzt durch eine Warenkunde, die »italienische Vorratskammer«.

UMWELTFREUNDLICH VEGETARISCH

Genussrezepte mit CO_2-Berechnungen
von *Bettina Goldner*
152 Seiten, 63 Farbfotos, 78 Grafiken, ISBN 978-3-7750-0561-6

Wegweisend vegetarisch: Klimaschonende Rezepte mit Zutaten für weniger Treibhausgase, alle mit Angabe der CO_2-Äquivalente. Ein gelungener Ansatz für bewussten Genuss unter neuem Aspekt. Wie abwechslungsreich eine Küche sein kann, die weitgehend ohne Produkte vom Tier auskommt, und wie gut das geht, zeigen die Gerichte für alle Gelegenheiten.

KÜCHENGEHEIMNISSE ASIENS

SUSHI – KULTUR UND GENUSS

von *Sebastian Dickhaut / Tokami*. 95 S., 104 Farbfotos, ISBN 978-3-7750-0503-6

Sushi heißt »Krönung der Freude«, und die japanische Kunst, sich aufs Wesentliche zu konzentrieren und daraus das Schönste zu schaffen, bewundern Kreative und Genießer der ganzen Welt. Das sinnlichste Beispiel dafür ist Sushi. Ein paar Handgriffe, und aus Reis und Fisch wird ein delikates Kultobjekt: Herrlich frischer Fisch, behutsam gegarter Reis, abgestimmte Aromen und mit Gefühl geführte Hände – mehr braucht es nicht, um gute Sushi zu machen. Das Buch dazu ist ebenso einfach, klar und perfekt.

INDISCHE GEWÜRZKÜCHE

Die neue leichte Art
von *Jeeti Gandhi,* 127 Seiten mit 137 Farbfotos, ISBN 978-3-7750-0414-5

Die indische Küche ist für ihren Abwechslungsreichtum und die Raffinesse ihrer Gewürze, vor allem der Gewürzmischungen (Masalas), weltbekannt. Bei den über 80 Rezepten von pikant bis süß ist für jeden etwas dabei. Und durch die sparsame Verwendung von Ghee, Sahne und Butter gewinnen sie an Leichtigkeit, ohne ihre Geschmacksvielfalt zu verlieren.

ASIATISCHE NUDELKÜCHE

Die besten Rezepte aus China, Japan und Südostasien
von *Stefanie Klein* (Hrsg.), 88 Seiten mit 28 Farbfotos, ISBN 978-3-7750-0589-0

Asiatisch genoodelt – schnell, einfach und lecker! Mit kleiner Nudelkunde, Hinweisen auf besondere Zutaten und Rezepten, welche die unterschiedlichen Zubereitungsmethoden, ob als Suppe, gebraten, frittiert oder pfannengerührt, zeigen. Nudelgerichte mit Glas-, Eier-, Weizen- oder Reisnudeln, vegetarisch oder mit Fleisch, Meeresfrüchten und Fisch.

Weitere Informationen über Bücher für Genießer erhalten Sie kostenlos bei
Walter Hädecke Verlag • Postfach 1203 • D-71256 Weil der Stadt
Fax +49(0)7033/1380813 • www.haedecke-verlag.de